© 2023 MIRINAEFR - All rights reserved

WORD SEARCH: KOREAN
ESSENTIAL VOCABULARY

FOR BEGINNERS

안녕하세요?

Welcome to this word search book dedicated to the Korean language, designed to strengthen your vocabulary and enhance your understanding of the language in a fun and interactive way.

This book contains 80 unique puzzles with a total of 800 Korean words to discover and master.

Educational Objectives:
- Expand your Korean vocabulary
- Enhance your concentration and observation skills
- Provide an interactive and engaging learning method
- Facilitate correct pronunciation with audio files available on our website

How to use this book?

Words can be placed horizontally, vertically, or diagonally and can also be written backward.

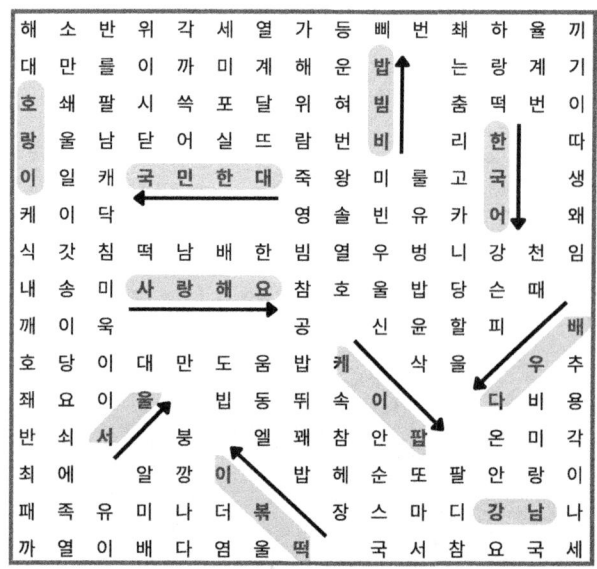

Note:
The particularity of Korean lies in the fact that some words consist of only a single syllable block. We have intentionally omitted them for obvious grid arrangement reasons.
Thank you for your understanding.

WORD SEARCH: KOREAN

ESSENTIAL VOCABULARY

FOR BEGINNERS

안녕하세요?

Welcome to this word search book dedicated to the Korean language, designed to strengthen your vocabulary and enhance your understanding of the language in a fun and interactive way.

This book contains 80 unique puzzles with a total of 800 Korean words to discover and master.

Educational Objectives:
- Expand your Korean vocabulary
- Enhance your concentration and observation skills
- Provide an interactive and engaging learning method
- Facilitate correct pronunciation with audio files available on our website

How to use this book?
Words can be placed horizontally, vertically, or diagonally and can also be written backward.

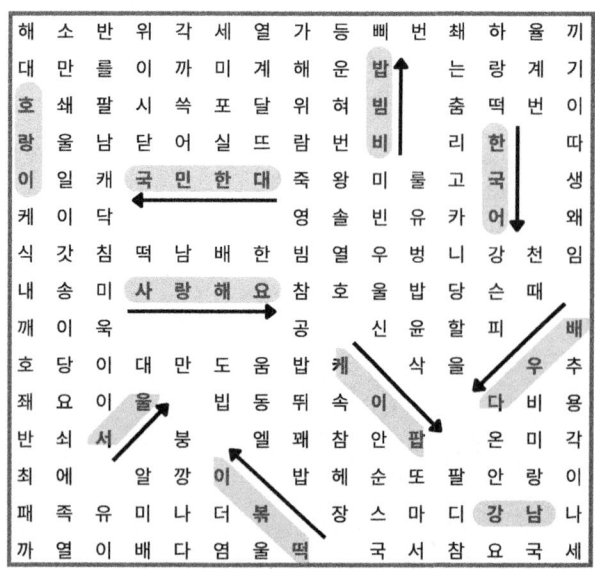

Note:
The particularity of Korean lies in the fact that some words consist of only a single syllable block. We have intentionally omitted them for obvious grid arrangement reasons.
Thank you for your understanding.

What to do once the puzzle is completed?

After finding all the words, or if you are curious about their pronunciation, visit our dedicated website. There, you can listen to the correct pronunciation of each word and practice saying them.

Visit :
www.mirinaefr.com/wskaudio/

We strongly encourage you to review the words you've discovered and test your pronunciation.

If you encounter any difficulty accessing these resources, please contact us at **mirinaefr@gmail.com**.

Your feedback matters!

If you found this Korean word search book useful and enriching, we would greatly appreciate it if you could take a few minutes to leave **an honest review** on the platform where you made your purchase.

Your feedback is invaluable to us and will help other learners discover this book and benefit from its unique approach to learning the Korean language.

We thank you in advance for your time and valuable contributions.

To stay updated on our news and future releases:

Instagram.com/mirinaefr_en

기초
Basics

HANGEUL (CONSONANTS) 1
한글의 자음

Time spent:

마	울	슥	죄	으	기	얌	음	독	이	읍	굴	심	파	디
돼	지	수	음	피	갸	올	팡	대	웃	나	길	보	미	귿
듣	역	긴	미	선	파	유	지	하	읍	응	시	속	율	돼
니	믄	침	를	죄	석	조	이	비	디	에	열	역	핑	되
응	한	은	옷	비	골	디	존	인	멀	력	지	은	돋	치
실	기	방	을	리	짐	염	역	음	밈	유	시	한	솔	글
웃	쇄	혀	일	비	착	배	킴	따	안	빌	기	참	디	딤
음	춤	응	한	니	나	한	글	해	오	까	위	섹	지	말
한	친	울	댁	인	응	밤	취	읍	빈	괘	떡	시	옷	한
귿	밤	역	를	위	으	샘	쏭	디	담	비	엽	을	치	리
미	기	감	지	빌	병	운	띤	극	하	민	볼	니	자	딘
필	돼	미	은	배	리	에	농	하	마	이	응	디	은	열
지	음	괴	함	미	길	초	걱	은	리	기	비	옥	참	얌
팔	빈	역	외	욱	니	득	귿	사	농	왜	이	한	포	올
글	비	처	피	지	읓	온	둥	딛	하	글	을	역	채	방

- ☐ 한글   *hangeul*
- ☐ 기역   ㄱ
- ☐ 니은   ㄴ
- ☐ 디귿   ㄷ
- ☐ 리을   ㄹ
- ☐ 미음   ㅁ
- ☐ 비읍   ㅂ
- ☐ 시옷   ㅅ
- ☐ 이응   ㅇ
- ☐ 지읒   ㅈ

HANGEUL (CONSONANTS) 2
한글의 자음

Time spent:

타	치	열	쌍	방	기	동	까	연	웇	빈	담	어	히	곡
쌍	읔	밥	술	니	비	각	귿	따	티	밤	피	유	웅	딜
거	읍	쌍	솔	시	역	우	방	펴	위	를	디	히	삭	쌍
콜	고	뇌	옷	두	쌍	갈	왜	키	디	종	지	엘	맘	뚝
쌍	티	밥	읕	열	까	기	쌍	팝	싸	를	귿	디	쌍	시
키	몽	댁	오	익	지	반	역	송	웇	율	캐	아	쐐	운
읍	킬	시	비	외	쌍	공	끼	따	피	티	통	치	죄	인
비	를	읕	웇	노	지	각	쌍	히	올	반	뒤	송	댁	면
쌍	키	을	티	닥	웇	호	뒤	열	국	미	독	웇	치	쌍
밥	시	역	읖	와	작	니	싹	뱁	울	웅	둑	따	쌈	키
을	득	당	귿	딥	빈	옷	감	히	쌍	디	여	매	쥐	동
별	쉬	기	검	뱅	짐	쌍	시	몬	둘	큐	을	치	디	역
비	단	쌍	아	읖	침	왜	바	기	쌍	골	패	쉬	겨	을
읍	키	우	시	예	돈	지	귿	염	노	알	이	호	디	쌍
을	김	폴	되	옷	바	쌍	지	읍	읕	피	읖	역	히	웅

- ☐ **치읓** ㅊ
- ☐ **키읔** ㅋ
- ☐ **티읕** ㅌ
- ☐ **피읖** ㅍ
- ☐ **히읗** ㅎ

- ☐ **쌍기역** ㄲ
- ☐ **쌍디귿** ㄸ
- ☐ **쌍비읍** ㅆ
- ☐ **쌍시옷** ㅆ
- ☐ **쌍지읒** ㅉ

COLORS

색깔

Time spent:

분	개	암	색	차	플	겨	캉	짐	노	악	얀	색	라	뒤
홍	굴	밤	쉬	인	색	역	검	색	나	울	딘	봉	간	여
색	쉬	팡	개	을	방	황	유	해	위	란	팡	근	술	우
카	노	란	색	호	회	바	주	를	검	돈	라	색	마	초
패	임	콜	너	기	황	춤	은	댁	귀	걱	새	휘	하	록
색	보	참	올	긴	죄	면	색	참	불	으	달	까	식	색
샌	염	본	빨	주	함	걱	탁	는	아	방	남	대	직	황
하	만	실	간	온	색	검	츤	홍	발	아	위	간	색	노
란	차	를	색	분	호	만	보	라	색	월	은	당	파	참
색	트	색	역	주	벌	치	등	에	밤	혀	쾌	초	로	색
취	격	우	회	은	빨	추	란	괴	하	만	빈	파	종	당
얀	색	을	황	초	각	색	나	얌	보	라	란	오	인	곡
록	혀	지	안	분	은	왜	빨	당	간	색	주	황	큐	하
홍	초	으	념	하	다	간	혹	건	너	해	빙	도	주	얀
색	반	플	보	각	춤	오	쥐	검	은	색	별	요	하	색

- [ ] **하얀색** — white
- [ ] **검은색** — black
- [ ] **회색** — gray/grey
- [ ] **빨간색** — red
- [ ] **주황색** — orange
- [ ] **노란색** — yellow
- [ ] **초록색** — green
- [ ] **파란색** — blue
- [ ] **보라색** — purple
- [ ] **분홍색** — pink

COLORS 2
색깔

Time spent:

색	주	파	동	색	혀	자	주	잘	색	곡	베	시	마	색
뜽	와	갈	하	얀	닥	올	팡	뒤	논	정	돌	발	늘	다
왜	색	펑	쉬	속	병	유	국	함	오	를	검	식	색	지
킨	그	녀	함	색	지	거	하	든	금	건	돼	를	민	따
패	길	지	농	해	쾌	춤	색	짙	방	를	고	빠	익	다
김	은	겉	총	더	쇄	민	늘	정	볼	운	캄	닥	쉬	색
색	베	흰	역	색	자	부	동	카	함	필	농	색	담	이
갈	금	쥐	엘	염	흰	신	봉	호	닭	암	각	쉬	땀	늘
민	이	유	면	뜨	올	정	각	외	신	옹	베	이	송	를
등	따	지	색	검	외	긴	짙	은	색	하	열	뒤	하	극
색	밤	요	네	옅	닥	울	띰	슨	화	다	빔	염	직	자
봉	술	를	은	정	바	밀	농	아	닥	큐	각	오	주	색
을	비	베	이	지	색	참	짖	짙	손	감	림	색	국	은
팔	빙	흰	댁	우	등	민	자	하	늘	색	근	오	위	농
카	검	정	바	미	쥐	올	종	달	해	추	효	금	단	초

- ☐ **자주색** — crimson
- ☐ **하늘색** — sky blue
- ☐ **갈색** — brown
- ☐ **베이지색** — beige
- ☐ **흰색** — white (2)
- ☐ **검정색** — black (2)
- ☐ **다색** — multicolored/multicoloured
- ☐ **금색** — golden
- ☐ **짙은** — dark
- ☐ **옅은** — light

LOCATION 1
위치

Time spent:

에	동	출	암	솔	패	에	달	옆	네	익	밤	요	네	하
쪽	간	밤	쇠	이	쪽	열	피	따	노	야	도	밖	미	에
얌	술	호	까	왼	일	는	에	호	와	로	에	숙	기	옆
에	안	앞	엠	귀	속	띰	여	외	고	파	차	우	먼	도
레	미	파	더	효	카	이	쥐	역	에	킴	양	또	쪽	에
빈	매	른	로	오	담	암	옥	숨	안	여	뒤	네	미	골
쐐	염	아	래	에	치	양	에	둘	라	핀	뇌	덤	쥐	히
오	국	쪽	라	하	메	괴	노	참	에	바	밖	위	에	네
민	치	득	왼	율	오	혀	쉬	오	각	맙	뒤	펑	따	역
뒤	에	기	참	우	작	리	오	밖	아	단	괘	땀	차	곤
동	여	앞	서	하	뒤	유	담	겨	알	에	남	곤	위	베
래	애	쪽	포	뷔	에	에	노	방	귀	다	쪽	연	비	덜
밖	왼	종	허	딤	유	외	아	대	래	에	팔	양	규	열
팡	귀	유	왼	똑	니	일	미	약	노	아	에	봉	지	내
칼	열	빈	에	국	에	쪽	른	오	호	림	댁	래	에	아

- ☐ 위에 — on
- ☐ 아래에 — under
- ☐ 앞에 — in front of
- ☐ 뒤에 — behind
- ☐ 안에 — in
- ☐ 밖에 — outside
- ☐ 옆에 — next to
- ☐ 왼쪽에 — to the left
- ☐ 오른쪽에 — to the right
- ☐ 양쪽에 — on both sides

LOCATION
위치

2

Time spent:

닥	쪽	민	개	송	가	에	동	위	염	취	결	아	니	동
댁	큐	하	쇄	니	멀	지	않	다	공	하	방	지	쪽	까
이	까	요	서	남	똑	에	맞	은	촌	리	에	변	수	온
끼	외	쪽	유	단	중	염	길	언	필	역	능	추	맘	딘
에	이	걱	왼	사	치	호	던	왼	쌍	가	고	이	반	새
편	서	에	요	걸	준	마	오	시	번	울	캄	아	쇄	가
은	감	남	외	요	씨	쪽	캉	띠	야	공	덩	빌	동	까
맞	유	쥐	메	에	염	동	각	해	오	얌	뒤	식	딴	이
맘	긱	운	데	중	요	해	에	김	요	왕	때	쪽	리	히
까	도	운	를	외	진	힘	팔	이	까	담	열	멀	편	닫
거	가	여	맞	빈	학	요	땀	수	사	힘	벙	염	에	동
파	수	링	에	베	종	으	넌	하	서	꼭	북	피	인	곤
해	지	염	바	간	위	남	편	이	가	까	역	쉬	케	등
피	북	에	염	은	중	닥	쪽	섬	노	하	임	올	쪽	니
쪽	키	밥	되	열	똥	오	짐	베	혀	쪽	밥	일	쏘	쪼

- ☐ 사이에 — between
- ☐ 가운데에 — in the middle
- ☐ 중간에 — in the center/centre
- ☐ 가까이 — near
- ☐ 멀리 — far
- ☑ 맞은편에 — opposite
- ☐ 북쪽 — north
- ☐ 남쪽 — south
- ☐ 동쪽 — east
- ☐ 서쪽 — west

GREETINGS
인사

Time spent:

가	출	밥	송	세	야	올	빔	쇄	각	콜	데	고	염	치
닥	죄	송	합	니	다	닭	추	탁	네	염	안	녀	서	다
삭	취	앤	돈	요	밥	설	운	돼	워	요	카	둥	출	귀
미	안	해	요	존	세	송	자	만	베	결	온	를	꽤	감
히	요	충	반	안	녕	하	세	요	겍	쉰	색	일	간	사
김	음	래	욘	쥐	공	홈	오	쓴	계	세	요	참	술	합
요	극	자	알	마	또	층	카	실	녕	나	밈	닭	출	니
워	우	빠	안	격	넴	님	레	옹	초	어	마	밤	가	다
마	가	세	녕	참	수	합	더	울	씨	서	불	차	요	팝
고	땡	굴	히	고	니	마	위	동	요	니	다	워	딱	을
숙	위	에	가	다	요	덩	팔	깨	참	임	가	세	준	도
피	트	랑	세	스	감	싸	차	미	다	반	실	래	란	다
고	둔	줄	요	띠	요	위	하	해	씨	갱	프	당	송	하
니	다	해	공	찰	미	남	애	동	나	암	의	요	상	녕
키	늡	대	괘	퀴	요	세	계	히	녕	안	비	각	안	새

- [ ] **안녕하세요** — hello
- [ ] **안녕히가세요** — goodbye (1)
- [ ] **안녕히계세요** — goodbye (2)
- [ ] **안녕** — hi
- [ ] **반가워요** — pleased to meet you
- [ ] **실례합니다** — please excuse me
- [ ] **감사합니다** — thank you
- [ ] **고마워요** — thanks
- [ ] **죄송합니다** — excuse me
- [ ] **미안해요** — sorry

INTRODUCTIONS
자기소개

Time spent:

마	열	소	엉	리	넘	울	쏴	깍	슴	염	굴	당	이	몽
소	주	혐	각	일	혼	뒤	송	제	맘	어	루	끄	호	달
씨	골	호	첨	쥐	번	동	세	근	연	올	긱	대	본	귀
칼	우	이	름	조	적	둘	염	궁	담	언	래	홍	딘	감
피	할	괘	채	리	민	여	옹	둠	카	어	슥	싸	포	으
를	맘	농	성	도	쇄	간	오	얼	빼	꿈	두	하	샘	콜
씨	송	임	일	함	휴	러	긱	따	암	팔	노	댕	지	임
아	유	잭	으	농	먼	일	내	혀	올	마	전	화	번	호
소	주	집	힘	은	올	고	커	영	쏘	위	때	팡	악	프
삐	뜨	열	람	욱	짐	희	랑	근	방	앒	히	뜸	닭	카
끄	염	국	혁	주	메	린	따	성	캄	공	하	심	쓰	걸
팡	끄	어	나	이	제	끔	나	악	이	크	국	적	해	군
개	임	즈	알	떵	움	와	집	메	언	고	실	세	하	푸
별	성	근	메	굼	칠	먼	일	즘	노	아	이	업	해	클
까	돠	별	전	나	후	집	고	고	씽	술	직	오	맘	대

- ☐ 이름 — first name/last name
- ☐ 성함 — surname
- ☐ 집주소 — address
- ☐ 전화번호 — phone number
- ☐ 이메일 — email
- ☐ 나이 — age
- ☐ 성별 — gender
- ☐ 국적 — nationality
- ☐ 직업 — profession
- ☐ 언어 — spoken language

FAMILY
가족

Time spent:

발	요	찜	세	근	초	벌	둑	오	트	합	동	행	씸	소
까	에	골	뒤	옴	빠	유	골	때	알	해	벌	수	아	얌
친	게	시	형	빌	대	금	와	버	안	힘	남	째	굴	괘
언	딘	마	강	제	기	공	머	센	밥	동	뒤	결	나	민
니	제	자	어	곡	자	혀	뱀	룬	생	당	개	얄	꾸	파
팔	쉬	노	베	머	다	매	송	대	나	누	하	병	체	프
쓰	궁	잠	일	화	니	순	치	매	연	뚤	김	박	구	염
친	누	나	힐	서	야	뒤	온	베	온	깍	민	언	띠	달
기	검	쭈	배	친	땅	빅	설	비	여	부	모	님	쓱	파
뜨	겁	니	울	으	을	기	보	송	알	치	자	매	각	드
속	와	옹	얘	아	빠	윤	함	선	애	나	누	반	쥐	패
겸	및	칼	뜨	버	쇄	디	빠	오	친	객	인	호	비	여
공	칠	사	긴	지	열	네	요	새	김	프	판	둥	니	동
형	메	친	위	격	삼	볼	를	데	현	만	길	핌	쯔	생
겅	매	팬	형	카	옹	덜	꼬	비	최	한	조	수	미	염

- ☐ **부모님** — parents
- ☐ **아버지** — father
- ☐ **어머니** — mother
- ☐ **남동생** — younger brother
- ☐ **여동생** — younger sister
- ☐ **친오빠** — older brother (1)
- ☐ **친언니** — older sister (1)
- ☐ **친형** — older brother (2)
- ☐ **친누나** — older sister (2)
- ☐ **형제자매** — siblings

FAMILY
가족

Time spent:

봄	루	갈	새	혀	프	할	아	버	지	야	쥐	님	올	따
연	귀	삼	팔	동	성	조	일	베	열	히	송	각	조	애
꼬	츠	알	호	뽕	숭	래	혀	각	울	침	배	공	내	얌
소	할	캅	모	총	쉬	도	서	벌	참	및	골	아	내	띠
퍼	임	머	경	뒤	여	제	옹	리	망	프	떠	볼	귀	에
쏘	민	송	니	차	맹	요	율	개	끼	동	딘	문	남	현
편	남	속	금	촌	가	알	쇄	딸	두	병	니	손	돈	미
깨	울	화	그	온	미	알	뉘	꺼	오	자	땅	녀	골	밀
염	을	소	말	트	교	합	년	끄	또	통	발	둔	솜	호
밍	고	일	존	밥	쥐	이	자	손	삭	소	함	뜨	닥	앓
솔	딥	펑	으	밤	이	모	드	개	일	매	위	놈	님	카
팔	씨	알	뜬	법	잭	의	책	카	키	국	세	음	조	가
까	촌	갱	염	도	요	면	줌	이	촌	곡	뒤	개	람	열
파	사	유	와	운	알	몽	점	독	은	삼	람	온	위	언
까	르	보	농	꾸	뷔	용	작	빈	합	초	비	왕	올	키

- ☐ 할아버지 — grandfather
- ☐ 할머니 — grandmother
- ☐ 삼촌 — uncle
- ☐ 이모 — aunt
- ☐ 사촌 — cousin
- ☐ 조카 — nephew/niece
- ☐ 손녀 — granddaughter
- ☐ 손자 — grandson
- ☐ 남편 — husband
- ☐ 아내 — wife

DAYS OF THE WEEK
요일

Time spent:

일	삼	송	요	참	인	요	일	함	때	익	요	갈	참	목
화	초	어	메	단	이	긴	금	참	여	다	또	발	미	요
골	센	파	검	치	퐁	유	일	초	야	요	색	긴	알	일
밤	죄	일	울	진	일	욘	토	모	견	으	잉	뉴	몽	땅
수	일	공	내	해	끼	염	화	담	심	일	월	두	길	새
식	요	팔	오	육	짐	금	개	일	빈	을	참	아	속	월
용	침	일	일	위	갬	내	딘	요	하	펄	노	각	쥐	임
행	유	지	으	제	니	딩	를	일	올	찬	내	끄	땀	힘
화	친	일	몽	이	요	강	식	목	침	금	요	실	수	라
어	요	당	를	는	가	미	때	토	얀	오	일	뛰	동	화
토	월	딕	예	부	콱	요	심	일	애	일	각	수	오	요
늘	욤	작	내	약	쥐	뇌	안	수	요	돼	요	디	요	일
곡	셔	선	오	함	유	요	목	창	수	월	패	욕	뒤	늘
핀	제	율	늘	총	깨	금	쇄	국	제	나	쌔	목	장	토
끼	어	뜨	열	선	일	요	채	내	늘	옹	오	금	요	일

- ☐ **어제** — yesterday
- ☐ **오늘** — today
- ☐ **내일** — tomorrow
- ☐ **월요일** — monday
- ☐ **화요일** — tuesday
- ☐ **수요일** — wednesday
- ☐ **목요일** — thursday
- ☐ **금요일** — friday
- ☐ **토요일** — saturday
- ☐ **일요일** — sunday

DAYTIME AND MEALS
하루와 식사

Time spent:

당	뉘	간	시	식	녁	하	귀	동	노	익	저	염	저	따
후	아	닥	실	의	봉	요	일	오	저	땅	용	벽	실	녁
술	침	아	역	식	사	행	유	호	겸	전	시	식	아	민
침	식	노	를	쥐	후	공	시	요	식	방	사	새	민	수
요	사	벽	킬	호	아	참	사	위	맨	정	오	팔	식	송
깨	미	녁	실	식	야	식	만	쇠	저	염	순	꽁	차	위
소	야	호	가	용	심	때	귀	진	할	패	노	딘	종	여
점	시	긱	야	점	몬	교	냉	해	를	야	가	식	삼	린
전	울	육	태	프	고	녁	소	침	아	격	뒤	핌	따	힘
저	오	침	는	연	중	김	슥	녁	사	저	핵	옹	딜	깜
쉰	아	벽	샘	위	번	출	가	사	식	침	밥	욤	죽	새
식	오	후	똥	반	전	오	열	아	녁	교	픈	혼	벽	김
취	이	손	심	아	열	꾸	닭	책	저	돼	필	곳	의	를
심	벽	신	는	위	율	간	미	꼬	실	야	이	간	둠	농
깨	식	침	점	군	벽	애	오	저	칼	뒤	버	온	식	키

- ☐ 새벽 — night/dawn
- ☐ 아침 — morning (1)
- ☐ 오전 — morning (2)
- ☐ 정오 — noon
- ☐ 오후 — afternoon
- ☐ 저녁 — evening
- ☐ 아침식사 — breakfast
- ☐ 점심식사 — lunch
- ☐ 저녁식사 — dinner
- ☐ 간식 — snack/afternoon tea

LANGUAGES   1
언어
Time spent:

국	어	춤	삭	쉴	댄	키	극	동	내	아	어	마	연	다
랑	뜨	언	참	독	실	리	어	돈	외	문	위	국	단	외
송	랍	스	시	연	어	아	국	해	왕	를	빈	각	국	어
치	어	노	신	쥐	때	프	랑	예	한	추	교	어	모	나
리	본	자	견	투	리	함	존	영	더	일	고	독	일	어
쉬	일	딤	오	익	어	투	영	니	봉	모	국	라	압	마
본	칠	혀	님	왕	한	국	아	때	얌	플	좨	닭	짐	힘
애	굼	모	축	여	어	랑	동	랍	곡	독	연	긱	뒤	흠
매	치	국	여	으	올	혀	식	아	어	러	똥	필	하	프
당	궁	사	투	리	질	강	화	도	짱	시	일	어	스	어
번	본	칠	뜨	일	너	유	돠	실	야	아	빈	한	국	모
영	대	를	두	방	졸	일	어	야	외	어	모	참	피	모
모	외	종	한	도	술	뽀	영	러	긱	요	한	국	어	출
칠	프	랑	스	어	농	매	군	언	어	시	야	올	프	염
영	투	라	리	교	불	가	능	외	꼬	갠	찌	아	어	미

- ☐ **모국어** — mother tongue
- ☐ **외국어** — foreign language
- ☐ **사투리** — dialect
- ☐ **한국어** — korean
- ☐ **프랑스어** — french
- ☐ **아랍어** — arabic
- ☐ **일본어** — japanese
- ☐ **러시아어** — russian
- ☐ **독일어** — german
- ☐ **영어** — english

LANGUAGES
언어

2

Time spent:

크	리	애	용	어	갈	프	당	도	베	익	스	페	칠	동
폴	마	크	모	로	추	어	투	간	트	스	어	래	민	스
뜨	어	힌	레	색	중	밀	유	국	남	딘	쥐	각	신	페
란	드	어	만	올	뒤	포	국	호	어	대	를	규	람	인
튀	스	디	공	해	어	춤	그	튀	인	고	참	포	중	어
투	이	야	올	귀	차	민	어	르	봉	일	페	키	국	동
어	요	탈	는	아	거	달	야	키	미	리	내	뜸	어	리
요	갈	뒤	리	노	인	어	카	예	키	애	중	순	일	모
국	어	힌	소	아	키	레	크	어	드	암	닭	책	식	팔
스	리	를	손	위	어	미	감	레	순	호	크	올	닥	키
강	폴	란	드	어	갈	식	어	영	샌	페	또	베	트	배
어	남	독	족	국	프	튀	리	키	어	그	리	스	어	공
고	디	페	스	투	초	때	남	어	실	밴	트	여	고	를
쌔	비	힌	위	요	탈	이	나	중	그	망	탈	리	아	노
어	페	올	어	트	빈	포	르	투	갈	어	폴	랄	라	간

- ☐ 스페인어 — *spanish*
- ☐ 이탈리아어 — *italian*
- ☐ 중국어 — *chinese*
- ☐ 포르투갈어 — *portuguese*
- ☐ 힌디어 — *hindi*
- ☐ 그리스어 — *greek*
- ☐ 튀르키예어 — *turkish*
- ☐ 크레올어 — *creole*
- ☐ 베트남어 — *vietnamese*
- ☐ 폴란드어 — *polish*

도시 City

SHOPS AND BUSINESSES 1

상점

Time spent:

하	품	색	익	풍	과	힘	독	취	를	백	아	채	카	에
딩	로	총	밤	이	벤	올	팔	따	노	암	화	빙	마	떼
숙	솩	팡	코	쉬	법	유	온	혀	위	러	용	점	시	실
각	정	국	열	카	페	게	댁	춤	풍	식	벌	우	먼	용
점	석	카	넴	실	송	험	뒤	옹	만	길	속	판	일	미
술	안	경	점	채	야	먼	분	국	방	를	키	당	소	암
섹	율	하	대	귀	초	밍	화	책	닭	상	노	식	지	인
악	렴	게	의	내	밀	곽	넌	빵	자	여	와	식	땀	매
면	오	운	가	에	봉	호	백	팜	순	왜	탁	합	선	파
육	섬	프	캄	옷	쥐	잇	숫	탐	빈	애	객	페	점	참
혼	안	걱	은	밥	우	순	미	까	딕	민	거	욤	직	서
팝	집	빵	똥	벌	요	딤	덜	하	믹	스	촘	요	이	곡
공	시	쥐	아	혼	점	퇴	사	해	빕	쇠	용	카	테	를
먹	다	울	왕	육	김	경	점	되	노	아	님	올	외	콘
센	파	티	정	뱃	수	백	회	허	칸	집	야	채	가	게

- ☐ 카페 — café
- ☐ 식당 — restaurant
- ☐ 옷가게 — clothing store
- ☐ 빵집 — bakery
- ☐ 정육점 — butcher's
- ☐ 서점 — bookstore
- ☐ 미용실 — hair salon
- ☐ 야채가게 — vegetable vendor
- ☐ 안경점 — optician
- ☐ 백화점 — department store

SHOPS AND BUSINESSES 2

상점

Time spent:

물	바	애	호	춤	뇌	를	속	팔	외	익	과	일	가	게
대	소	안	부	소	켓	하	국	되	송	차	일	마	온	띠
산	실	퍼	뒤	쓰	당	생	컨	시	위	재	비	캬	술	유
동	귀	나	호	직	엿	임	를	똑	혀	이	랑	께	탁	도
부	쇼	게	남	해	독	도	줌	뇌	민	을	긱	번	채	숙
미	생	뒤	올	타	집	맹	올	실	밥	슈	탁	곡	새	위
으	동	해	열	꽃	씨	홈	까	둑	아	남	퍼	댁	둔	임
라	점	직	에	열	민	캐	구	과	일	사	무	마	딘	염
밀	욱	의	퇴	참	꽈	외	속	오	미	대	두	파	켓	피
산	초	애	편	소	슈	굴	라	에	반	게	동	참	우	길
쇄	점	이	패	국	연	지	생	퍼	아	민	구	걸	랑	일
부	루	몰	소	방	여	행	사	마	농	방	풀	왜	니	고
길	치	핑	선	하	우	밥	싸	둑	문	애	세	탁	소	과
팡	보	쇼	오	산	여	켓	마	촐	뇌	아	기	꽃	울	내
카	편	으	전	생	선	가	게	바	호	숙	빈	집	의	슈

- [ ] 과일가게 — *fruit vendor*
- [ ] 슈퍼마켓 — *supermarket*
- [ ] 편의점 — *convenience store*
- [ ] 쇼핑몰 — *shopping mall/centre*
- [ ] 생선가게 — *fishmonger's*
- [ ] 문방구 — *stationery store*
- [ ] 세탁소 — *laundromat/launderette*
- [ ] 여행사 — *travel agency*
- [ ] 꽃집 — *florist*
- [ ] 부동산 — *real estate agency*

PUBLIC PLACES 1
공공장소

Time spent:

길	동	네	염	속	국	정	띠	열	내	악	미	관	시	세
철	미	길	신	야	고	목	운	원	노	아	돈	빌	몬	때
실	속	팔	거	쓰	병	책	유	해	종	골	하	여	굿	으
박	관	단	를	리	열	뚜	색	밀	뜬	히	츠	공	가	감
지	하	골	목	골	관	리	실	길	호	는	관	맘	도	참
을	면	도	하	얀	각	침	온	쏭	반	유	까	미	극	지
혀	시	때	예	왕	솔	일	낑	댕	청	민	찌	옥	수	하
아	유	거	힘	요	교	흐	서	청	장	혼	서	국	만	여
캐	티	골	조	목	올	힉	쉬	동	리	원	간	돼	혹	린
방	째	시	리	왕	질	니	열	매	빌	쏘	경	찰	만	깨
지	유	시	으	는	관	울	길	명	닭	책	원	한	쿠	골
하	목	청	경	팔	직	서	원	거	신	공	뱅	오	이	공
철	히	광	장	리	훔	당	도	덕	쓴	깔	극	딤	공	몰
박	관	은	광	이	핀	빵	재	예	내	함	리	장	지	하
철	시	박	물	관	청	서	찰	경	관	서	열	힘	오	키

- ☐ 공원 — park
- ☐ 광장 — square
- ☐ 도서관 — library
- ☐ 길거리 — street
- ☐ 골목 — alley
- ☐ 지하철 — subway/underground
- ☐ 박물관 — museum
- ☐ 극장 — theater/theatre
- ☐ 경찰서 — police station
- ☐ 시청 — city hall/town hall

PUBLIC PLACES
공공장소

2

Time spent:

우	농	고	익	술	강	천	장	만	장	노	횡	단	보	도
체	교	아	정	삼	긴	올	팔	또	연	해	제	빅	몬	장
국	페	다	라	겸	헬	등	스	혼	위	책	닭	스	헬	주
수	견	효	객	쥐	동	운	장	왜	빵	는	실	유	염	차
운	오	페	라	하	우	스	꺼	씨	침	를	공	옆	에	장
변	수	강	오	익	영	설	장	수	연	장	치	시	남	는
쉰	반	영	시	횡	당	동	보	도	참	프	노	단	쥐	기
당	보	람	장	효	운	도	농	미	얄	당	버	보	때	혀
체	국	우	민	으	돼	채	시	오	식	헬	오	라	페	감
도	보	두	부	국	페	장	삼	뜨	거	물	운	변	밥	강
변	위	열	장	등	횡	반	춘	씨	바	영	건	수	장	병
우	메	국	차	다	주	에	녀	심	물	규	팔	운	송	자
건	출	라	각	연	때	힘	농	황	단	로	고	참	큐	를
체	숲	구	팜	시	단	차	장	크	포	따	일	요	경	강
애	로	페	오	또	별	장	스	헬	힉	쇄	돈	패	차	변

- ☐ 강변 — *quay/riverbank*
- ☐ 우체국 — *post office*
- ☐ 수영장 — *swimming pool*
- ☐ 주차장 — *parking lot/car park*
- ☐ 헬스장 — *gym*
- ☐ 운동장 — *sports field*
- ☐ 시장 — *market*
- ☐ 건물 — *building*
- ☐ 오페라 하우스 — *opera house*
- ☐ 횡단보도 — *pedestrian crossing*

주거
Housing

THE HOUSE 1
집

Time spent:

창	문	하	기	곽	초	팔	추	용	타	팬	솔	시	키	거
도	동	살	취	실	조	쇄	각	놀	열	오	수	본	역	실
탕	귀	싱	연	모	밀	채	짐	곡	비	쏘	나	타	밥	코
공	면	춤	부	화	실	베	칸	문	술	따	손	윰	앙	옹
빈	미	인	수	토	억	맘	란	맹	초	걸	보	얀	깡	오
신	실	염	반	탬	우	호	각	다	돔	피	해	욕	롱	메
디	콩	솔	배	민	좌	게	티	로	밥	긱	뮈	회	어	기
이	지	무	펴	앵	도	개	영	소	치	욕	마	네	리	녀
귀	추	소	부	대	만	관	현	키	실	새	닌	당	표	저
절	꾸	찌	문	엌	카	짜	얌	보	때	링	혀	실	맬	끼
사	작	만	뽀	춘	루	긴	닥	매	물	미	띠	영	캐	반
방	도	하	유	빼	염	고	실	매	호	화	장	실	시	네
내	포	두	땅	계	열	몸	돼	식	황	윤	미	규	요	스
로	용	베	소	치	철	노	꼬	얌	손	국	여	리	밴	계
노	현	관	문	똘	거	미	얀	바	닥	찰	지	애	파	단

- ☐ 거실 — living room
- ☐ 부엌 — kitchen
- ☐ 화장실 — toilets/restroom
- ☐ 베란다 — veranda/patio
- ☐ 창문 — window
- ☐ 현관문 — front door
- ☐ 바닥 — floor
- ☐ 계단 — stairs/staircase
- ☐ 욕실 — bathroom
- ☐ 마당 — courtyard

THE HOUSE
집

Time spent:

초	기	니	려	배	지	하	실	동	요	매	칠	포	함	어
발	도	닫	이	며	망	치	호	띠	미	치	방	코	뼈	애
코	소	니	염	키	머	앙	떼	산	대	별	품	상	채	함
니	꼬	또	휴	씨	맘	깡	하	실	지	해	발	표	호	힘
뇌	깨	요	서	자	만	제	서	주	앙	옹	또	로	윰	회
괴	찰	재	따	농	밀	쏘	세	계	만	러	솔	스	쓰	천
탄	카	초	보	껴	하	로	꼬	갹	밥	딘	봉	실	컴	장
깍	부	머	리	일	타	밈	쪼	혀	가	나	야	온	모	시
긴	호	토	오	지	러	미	해	다	노	빠	보	먼	탕	니
효	대	서	매	오	지	핑	피	소	발	일	모	요	식	방
씨	쇠	맘	빵	날	밟	신	발	장	연	밍	얀	짜	고	섭
서	말	냥	코	체	붕	러	야	자	니	하	실	곡	직	새
노	방	또	망	여	신	미	만	깨	소	리	발	장	오	짱
딤	조	충	가	시	봄	태	함	다	끼	치	비	지	주	방
보	래	묘	망	각	지	붕	땀	모	여	낙	루	추	차	고

- ☐ 지하실 — basement/cellar
- ☐ 천장 — ceiling
- ☐ 주방 — kitchen
- ☐ 서재 — office
- ☐ 보일러 — boiler
- ☐ 방충망 — mosquito net
- ☐ 신발장 — shoe closet
- ☐ 차고 — garage
- ☐ 발코니 — balcony
- ☐ 지붕 — roof

IN THE BEDROOM
침실

Time spent:

침	차	택	오	별	공	니	여	언	루	미	개	장	도	객
따	대	암	우	책	상	꼬	염	쇄	광	참	배	서	랍	장
도	야	풀	옷	땅	까	화	수	서	불	장	떼	금	혀	구
악	씨	냉	장	파	식	지	이	올	배	안	욱	취	말	마
팍	이	도	남	송	화	책	졸	파	갈	데	근	뜨	농	미
뒤	무	운	당	장	손	휘	백	시	때	굴	받	술	쥐	태
미	쿨	단	대	열	까	맹	쇄	걱	찰	빈	유	닭	세	매
야	울	잠	디	베	개	귀	영	차	피	삼	사	둔	다	트
민	숭	애	칠	째	쿨	위	링	엔	히	밴	뒤	칼	동	리
수	담	가	올	개	작	시	방	대	여	해	만	굿	하	스
푼	스	따	임	국	만	휴	두	까	맛	혀	앤	프	딸	귀
필	초	괘	삼	좌	군	패	갈	쥐	붙	와	이	숏	임	뒤
책	이	불	카	둘	슈	왕	제	플	박	근	소	춤	꺄	엘
팜	장	둥	붙	대	옷	국	채	년	이	반	뉘	신	강	유
밸	오	레	반	이	콜	운	장	깅	장	씨	봉	각	오	삼

- ☐ 침대 — *bed*
- ☐ 화장대 — *dressing table/vanity*
- ☐ 붙박이장 — *built-in wardrobe*
- ☐ 이불 — *duvet/comforter*
- ☐ 매트리스 — *mattress*
- ☐ 베개 — *pillow*
- ☐ 옷장 — *wardrobe/closet*
- ☐ 책상 — *desk*
- ☐ 서랍장 — *dresser*
- ☐ 책장 — *bookshelf/bookcase*

IN THE LIVING ROOM
거실

Time spent:

아	나	추	그	패	솔	따	란	용	쓰	철	미	얌	소	공
댕	꼬	씨	삼	어	소	파	초	앰	뜨	고	아	손	시	기
텔	레	이	조	소	우	설	송	까	스	가	족	띠	임	청
쏘	티	모	전	파	까	쿠	선	호	화	혜	성	북	고	정
구	께	장	오	민	봄	버	효	새	카	청	거	반	찬	기
공	기	리	관	소	바	선	수	여	고	참	칠	김	감	식
까	돈	문	줄	번	그	러	쌔	해	거	실	테	이	블	얌
감	쿠	비	너	노	양	쥐	뜸	꺼	실	업	술	때	키	기
구	션	올	므	숨	구	영	만	객	튼	블	자	안	까	애
라	니	해	풀	대	송	스	핀	공	요	유	운	대	걱	오
에	호	선	보	니	텔	꾸	올	기	에	너	톤	요	거	라
어	그	반	상	재	질	레	밀	고	새	수	정	시	실	도
컨	기	님	차	따	로	히	비	고	소	염	소	프	장	개
순	비	야	둘	뜨	람	보	전	전	실	러	그	꼬	이	모
돈	결	침	각	공	론	커	튼	그	연	덤	조	감	밥	초

- ☐ **소파** — sofa/couch
- ☐ **텔레비전** — television
- ☐ **에어컨** — air conditioner
- ☐ **쿠션** — cushion
- ☐ **선반** — shelf
- ☐ **거실장** — tv stand
- ☐ **러그** — rug/carpet
- ☐ **거실테이블** — coffee table
- ☐ **커튼** — curtain
- ☐ **공기청정기** — air purifier

IN THE KITCHEN
부엌

Time spent:

사	토	야	끼	모	너	열	싱	대	소	촌	뺨	여	낌	새
참	똘	미	갸	댐	순	초	앰	지	린	정	싱	기	션	수
돔	기	발	코	군	식	배	소	기	김	살	크	싸	채	임
쿠	여	솓	지	기	디	문	트	드	래	알	대	꾸	춤	뜨
씨	암	콩	세	다	앎	초	정	소	온	룸	끼	파	답	꼬
가	리	척	대	실	탁	고	수	식	오	엄	치	간	매	이
스	기	인	소	냉	치	수	기	미	온	파	오	깔	만	인
레	구	잔	애	끼	쏘	여	장	예	제	각	유	둠	법	라
인	기	육	걸	쇄	시	사	탐	요	식	채	촉	혀	오	븐
지	가	마	이	힘	세	예	고	산	장	고	협	키	호	쉬
군	체	민	송	다	염	회	술	민	가	전	자	레	인	지
도	요	설	치	맨	프	랑	고	스	약	탄	쓰	침	쪼	구
감	디	건	밥	태	큐	어	치	식	세	율	분	대	곡	뜨
만	지	식	공	수	번	방	솔	야	미	오	김	소	식	계
가	탁	추	인	덕	션	여	냉	장	고	제	숙	에	제	기

- ☐ **전자레인지** — microwave
- ☐ **가스레인지** — gas stove
- ☐ **인덕션** — hotplate
- ☐ **식기세척기** — dishwasher
- ☐ **냉장고** — refrigerator/fridge
- ☐ **싱크대** — sink
- ☐ **식탁** — dining table
- ☐ **정수기** — water cooler
- ☐ **식기** — cutlery
- ☐ **오븐** — oven

IN THE BATHROOM
욕실

Time spent:

차	오	삐	고	얌	채	코	또	울	춤	요	생	실	식	고
거	울	요	땀	운	조	바	깍	토	뜨	매	읆	곡	치	대
소	건	드	라	이	기	꼭	지	건	효	모	가	숲	제	규
동	제	삶	수	움	사	각	얌	체	벌	밥	숙	대	수	도
띠	용	쿠	빠	돔	경	주	산	부	골	미	래	벼	치	가
새	통	내	염	황	시	실	세	라	이	변	기	면	샤	기
소	빼	염	도	여	보	조	리	미	각	세	탄	소	착	김
변	지	객	로	옴	띠	꼴	노	잼	수	빈	자	까	오	민
뱀	송	초	꾸	열	심	센	거	중	줄	효	독	간	맴	세
둥	기	욕	족	밥	술	지	암	공	쇄	가	고	츠	밥	탁
구	수	건	염	실	소	군	재	연	용	카	키	몬	수	기
수	길	새	앙	존	민	옹	수	세	국	대	세	닥	기	왜
도	이	비	나	화	구	욕	매	다	면	주	꿀	운	꼬	샤
꼭	다	여	장	미	노	거	조	씨	노	대	이	요	알	워
지	워	실	굼	손	새	열	쪼	프	떠	카	찌	아	루	기

- ☐ 세면대 — bathroom sink
- ☐ 화장실 — toilet
- ☐ 욕조 — bathtub
- ☐ 샤워기 — shower
- ☐ 변기 — toilet/lavatory bowl
- ☐ 수건 — towel
- ☐ 수도꼭지 — faucet/tap
- ☐ 거울 — mirror
- ☐ 드라이기 — hair dryer
- ☐ 세탁기 — washing machine

음식
Food

FRUITS
과일

1

Time spent:

공	치	펄	시	영	오	방	우	송	머	반	오	다	아	윤
성	술	포	고	잠	빨	숭	게	악	본	추	렌	하	열	소
당	자	눙	망	고	발	덕	바	술	낭	넴	지	닫	구	야
잠	구	거	일	남	어	예	익	서	움	마	메	염	숩	가
기	엔	츄	염	작	쿨	풉	세	근	격	심	요	필	삼	구
뚜	딸	길	인	겔	캬	멈	움	둘	살	우	가	여	감	귤
귤	드	팝	오	꼬	게	설	유	땀	오	벽	아	육	테	디
엄	수	려	양	담	도	계	싸	붑	고	이	마	꼬	류	모
딜	야	어	오	류	사	고	꺄	터	참	쑤	가	쉬	빌	어
또	각	혀	민	대	과	굴	몽	애	뛰	숨	카	얌	얼	둑
독	심	컬	쇄	요	잔	빕	프	스	파	인	애	플	까	홍
밴	류	석	떠	해	칼	과	렌	홈	세	프	열	고	임	수
갈	뻔	폴	솨	추	얌	꼬	살	에	티	자	여	춤	피	익
힐	자	초	돈	법	국	만	대	망	포	여	우	마	쪼	몬
코	끼	몽	단	골	치	포	도	까	발	송	며	울	레	얌

- ☐ 오렌지 — orange
- ☐ 딸기 — strawberry
- ☐ 사과 — apple
- ☐ 감귤 — clementine
- ☐ 레몬 — lemon
- ☐ 포도 — grape
- ☐ 망고 — mango
- ☐ 석류 — pomegranate
- ☐ 파인애플 — pineapple
- ☐ 자몽 — grapefruit

FRUITS
과일

Time spent:

까	춤	대	염	수	안	팔	삼	네	아	커	딘	패	걸	추
닭	아	카	소	열	벤	퍼	거	안	술	토	매	껴	뻴	티
토	위	보	데	꾸	챠	오	박	멈	추	끼	마	땔	고	벌
취	공	소	카	달	암	도	체	리	아	깨	둔	토	쏴	칠
수	악	나	내	도	코	또	매	결	후	열	미	아	당	복
골	매	키	나	맘	송	위	초	개	임	어	달	곡	수	숭
떼	복	체	염	바	강	추	론	리	얌	오	건	덤	김	아
아	롤	출	까	발	메	로	농	해	오	암	율	씨	테	말
민	일	욱	먼	에	온	후	신	올	론	윤	띠	파	악	팔
패	또	라	력	육	쥐	일	래	이	멜	앝	걸	뚜	다	곡
쑤	수	예	으	뷔	밥	우	떠	시	앗	몽	비	만	죽	뒤
팬	박	리	뜨	블	작	엔	넌	아	밀	크	팡	온	자	두
길	익	장	연	뛰	야	와	안	엠	소	각	한	숨	큐	롱
펀	베	움	오	갸	래	믹	쇼	객	너	라	오	얌	토	보
키	위	밥	거	뜨	회	왜	건	삐	봉	속	준	여	발	채

- ☐ 체리 — cherry (1)
- ☐ 바나나 — banana
- ☐ 한라봉 — hallabong
- ☐ 키위 — kiwi
- ☐ 수박 — watermelon
- ☐ 멜론 — melon/cantaloupe
- ☐ 복숭아 — peach
- ☐ 아보카도 — avocado
- ☐ 자두 — plum
- ☐ 토마토 — tomato

FRUITS
과일

3

Time spent:

야	몽	래	초	곽	시	포	영	다	운	채	각	야	올	때
심	수	열	까	쿠	드	빨	노	먼	율	맥	육	발	오	리
리	세	은	비	꾹	티	배	곡	흥	쌔	허	삐	얼	투	베
동	베	깨	쿠	비	소	민	알	자	니	고	냥	시	올	랙
문	광	랜	소	리	두	땀	뽀	옆	술	캐	앙	고	임	블
무	소	나	크	뜨	열	킨	숭	애	인	힘	내	로	요	아
곡	무	긴	선	스	빡	탄	키	엽	뒤	꾸	농	쉬	엠	유
하	화	또	민	프	슁	라	블	리	카	치	혐	위	각	수
때	과	블	루	베	리	송	유	띠	과	포	염	슬	발	카
여	츠	기	살	구	따	암	국	밥	샘	혀	볼	뛰	두	이
라	끔	거	붑	김	세	은	처	멸	벌	추	파	안	귀	고
임	씨	로	태	앵	두	으	노	아	명	큐	피	오	인	죽
진	산	즈	악	똬	와	유	앗	에	신	고	필	삼	크	열
팔	비	딸	옹	운	엘	멈	지	식	놀	외	이	올	앵	무
칼	쉬	핀	기	걱	뷔	온	둔	밥	참	리	치	앤	용	취

- ☐ **참외** — canary melon
- ☐ **산딸기** — raspberry
- ☐ **블루베리** — blueberry
- ☐ **살구** — apricot
- ☐ **리치** — lychee
- ☐ **앵두** — cherry (2)
- ☐ **무화과** — fig
- ☐ **라임** — lime
- ☐ **블랙베리** — blackberry
- ☐ **크랜베리** — cranberry

VEGETABLES 1
채소

Time spent:

만	유	객	올	길	쌔	추	어	골	쇠	말	구	새	유	다
밥	구	열	시	여	대	파	강	나	밍	안	오	대	감	닫
시	가	꼬	아	움	밥	고	알	대	앙	검	추	야	자	도
금	올	객	어	문	애	류	할	매	닥	운	개	삐	닭	액
치	인	귤	너	낭	재	넘	코	때	몰	눙	아	마	늘	거
땜	포	곡	아	멘	거	온	껴	번	눈	맥	취	은	뜨	벙
프	스	랑	꼬	염	구	호	첸	수	얌	술	갠	여	쥐	단
골	문	주	근	크	어	단	호	박	송	옴	미	까	우	빌
비	씨	당	쫀	대	올	뼈	치	푸	호	각	감	시	파	곡
꽤	다	유	바	국	가	애	노	앙	뱁	오	설	띠	던	쿠
소	예	쪼	에	구	밥	애	또	구	바	이	무	앵	귀	네
곡	자	열	누	미	삐	차	로	속	애	우	염	누	이	디
주	야	까	울	대	온	배	여	디	꺼	애	추	주	브	버
금	이	리	콜	로	브	각	좨	해	니	토	배	마	섯	도
캐	열	다	육	패	닥	오	지	마	단	꼬	양	애	물	솨

- ☐ 대파 — *leek*
- ☐ 당근 — *carrot*
- ☐ 오이 — *cucumber*
- ☐ 단호박 — *pumpkin*
- ☐ 감자 — *potato*
- ☐ 마늘 — *garlic*
- ☐ 버섯 — *mushroom*
- ☐ 브로콜리 — *broccoli*
- ☐ 시금치 — *spinach*
- ☐ 양배추 — *cabbage*

VEGETABLES
채소

2

Time spent:

몽	스	미	창	보	대	열	호	개	출	효	밤	고	새	애
침	곡	고	숭	이	베	껴	메	일	맹	총	새	요	맙	호
띠	깜	에	구	차	매	용	디	액	차	알	소	배	머	박
떠	여	가	해	마	미	혀	룽	물	시	양	파	바	유	긴
샐	포	닥	시	안	뱀	끼	월	나	상	취	밥	오	댁	꼬
쉬	엠	리	오	더	긴	메	옷	콩	여	닭	미	언	수	엠
뒤	포	공	퓌	얌	세	근	프	뜨	열	시	언	미	갂	디
신	세	수	티	박	깍	알	데	물	상	세	펴	추	그	수
호	찜	침	호	괘	거	심	쇄	여	두	볼	원	긱	앤	피
포	창	댄	율	와	고	지	신	옥	깨	잔	추	애	뽈	투
쁘	리	탄	슬	채	귀	재	공	수	암	돼	비	상	노	히
역	퍼	도	땡	빌	나	망	치	수	걱	화	요	니	힘	개
냥	쉬	종	고	추	재	삐	교	데	금	거	래	짐	송	야
뱀	수	쓰	커	얾	그	뚫	순	좨	아	피	망	용	순	키
알	추	빠	개	니	임	초	배	스	긴	발	트	로	염	채

- ☐ **고구마** — sweet potato
- ☐ **호박** — pumpkin/squash
- ☐ **옥수수** — corn
- ☐ **고추** — chili/chilli pepper
- ☐ **애호박** — zucchini/courgette
- ☐ **가지** — eggplant/aubergine
- ☐ **양파** — onion
- ☐ **상추** — lettuce
- ☐ **콩나물** — soybean
- ☐ **피망** — bell pepper/pepper

FISH
생선

Time spent:

함	제	국	송	별	이	니	옹	품	취	해	도	을	끼	미
동	세	고	통	서	밥	축	개	어	빔	를	덩	어	치	크
팔	육	년	생	홀	신	또	왕	태	과	헬	치	팜	돈	줌
깨	위	빼	슬	대	통	이	가	며	명	끔	던	츠	카	엘
피	의	꽁	노	마	킹	등	서	올	만	책	혀	순	도	침
팔	때	뽕	귀	여	프	당	겨	혼	빈	등	송	리	어	창
씨	달	어	클	미	라	역	쇄	해	밥	연	드	솜	쥐	인
껴	으	장	에	농	믄	끼	내	비	행	송	대	참	지	골
민	을	숙	멸	치	치	커	태	영	순	위	구	팝	알	훈
팍	킴	리	총	으	작	롱	안	마	도	깬	돌	따	조	탄
스	나	야	긱	고	층	반	율	색	소	어	빈	문	조	정
핀	까	선	먼	뷔	족	밥	는	악	참	색	려	오	이	어
고	치	머	고	등	어	완	동	헤	어	걱	판	쑥	크	리
판	송	유	왜	위	출	달	저	연	늪	솔	명	대	도	여
어	탈	벙	국	콩	분	옴	진	바	하	치	참	닭	소	미

- ☐ **참치** — tuna
- ☐ **연어** — salmon
- ☐ **고등어** — mackerel
- ☐ **명태** — whiting
- ☐ **대구** — cod
- ☐ **장어** — eel
- ☐ **멸치** — anchovy
- ☐ **송어** — trout
- ☐ **도미** — sea bream/gilt-head bream
- ☐ **정어리** — sardine

SEAFOOD
해산물

Time spent:

만	고	나	알	동	열	프	카	침	겔	송	대	쭈	궁	지
대	큐	아	술	임	부	연	팔	띵	네	알	딤	밥	민	떼
씨	솔	개	터	센	염	유	큰	찰	위	를	배	낙	시	소
까	조	노	팔	제	람	깐	의	왕	똥	메	우	아	당	파
핀	올	꾸	미	홍	밥	괘	줄	위	만	볼	곡	내	익	세
손	문	처	온	귀	광	므	랑	쑴	반	우	킬	반	수	낙
참	시	궁	본	피	문	어	걱	땀	새	안	노	대	종	지
율	신	깨	은	놰	말	롤	연	해	옴	악	운	징	어	윰
맨	동	유	전	자	쌔	혀	식	오	극	장	출	피	아	팡
멍	또	를	복	외	책	이	운	때	어	오	곽	디	츠	카
홍	스	랍	뒤	개	어	왜	잼	런	참	징	둥	밀	전	미
합	속	를	떠	팝	제	개	종	쉬	맘	국	오	심	위	각
고	인	좨	알	땀	터	코	당	걸	순	대	게	왜	굼	헝
칠	빙	운	홍	쇄	스	낙	비	갈	마	오	염	조	닥	지
깨	올	판	빈	큐	랍	올	준	해	공	씨	쭈	꾸	미	본

- ☐ 문어 — octopus (1)
- ☐ 전복 — abalone
- ☐ 새우 — shrimp
- ☐ 오징어 — squid
- ☐ 랍스터 — lobster
- ☐ 대게 — (large) crab
- ☐ 조개 — shellfish
- ☐ 홍합 — mussel
- ☐ 낙지 — octopus (2)
- ☐ 쭈꾸미 — webfoot octopus

DRINKS AND ALCOHOLS
음료수와 주류

Time spent:

야	콩	숙	개	칠	염	으	땅	레	얘	깜	일	해	봄	니
다	프	피	땡	속	귀	샌	민	옹	위	댁	춤	수	문	친
캐	티	독	열	침	혀	죽	길	송	재	를	빕	차	각	어
키	냉	밀	책	속	울	허	의	탄	커	딩	쳐	팡	밀	뜨
피	수	드	크	힌	트	긱	산	왕	작	꼬	안	침	익	이
밀	반	암	오	티	아	음	이	갬	골	쿠	미	짱	술	인
벅	틱	냉	추	왜	료	일	까	티	애	플	앤	닭	쥐	니
알	을	장	밀	녹	파	칼	유	해	열	차	문	임	때	큼
매	기	으	유	통	애	우	씨	옥	색	두	부	키	바	축
비	띠	깨	를	왁	쑤	트	올	댐	빙	여	김	치	길	차
실	위	교	으	분	대	욱	조	소	파	열	엉	매	식	떡
핑	쓰	맥	주	바	커	유	초	학	실	와	인	오	이	두
각	일	작	안	또	위	커	피	에	숙	고	팡	시	크	유
핀	불	란	서	훈	장	님	좨	수	녹	차	익	곡	외	노
니	칙	맥	수	일	방	요	증	믄	홍	콩	은	는	소	주

- ☐ **탄산음료** — sparkling water
- ☐ **우유** — milk
- ☐ **냉수** — fresh water
- ☐ **밀크티** — milk tea
- ☐ **맥주** — beer
- ☐ **소주** — soju
- ☐ **두유** — soybean milk
- ☐ **와인** — wine
- ☐ **커피** — coffee
- ☐ **녹차** — green tea

KOREAN DISHES
한국음식

1

Time spent:

김	염	수	가	레	임	송	추	바	엘	둥	쇄	김	지	야
밥	카	울	셍	개	파	기	고	부	동	채	웃	띠	모	키
쩍	술	떡	우	찌	함	싀	어	던	울	괘	새	찬	팡	수
삼	겨	대	을	치	끼	연	미	아	겨	소	민	말	히	공
탕	이	비	굿	김	처	먹	아	쪼	덫	크	빔	탕	손	수
알	김	볶	찌	뜨	멋	운	자	난	를	불	가	이	계	와
시	응	잡	떡	댁	캐	된	설	대	야	고	노	음	의	삼
밥	송	안	툴	빌	미	밥	여	민	옹	기	장	음	밥	반
앰	이	유	만	으	온	해	덮	올	삭	우	따	팔	암	필
프	티	엘	를	여	쥐	인	르	육	뷔	각	람	더	동	꺼
속	이	찌	개	팡	법	윤	떠	신	제	음	간	솔	주	대
폰	석	비	김	반	존	에	어	촌	은	킹	돔	염	일	혀
고	빔	자	알	잡	채	유	애	예	속	짐	팔	속	방	실
밥	치	탕	계	올	르	미	움	선	네	예	밥	데	감	수
술	니	볶	음	밥	배	호	잭	열	후	된	장	찌	개	크

- ☐ 김밥 — kimbap
- ☐ 떡볶이 — tteokbokki
- ☐ 김치찌개 — kimchi jjigae
- ☐ 잡채 — japchae
- ☐ 볶음밥 — bokkeumbap
- ☐ 된장찌개 — doenjang jjigae
- ☐ 비빔밥 — bibimbap
- ☐ 삼계탕 — samgyetang
- ☐ 불고기 — bulgogi
- ☐ 제육덮밥 — jeyuk deopbap

KOREAN DISHES
한국음식

2

Time spent:

가	울	검	삼	겹	살	총	라	얌	쏙	우	열	맙	고	뜨
쌈	풍	차	칼	동	쉬	엽	떡	기	올	밥	캐	에	르	국
치	을	해	보	편	깨	으	빈	송	차	발	효	군	밸	뜨
키	를	청	격	알	휴	털	창	장	소	쌔	일	혀	빈	우
쁘	띠	비	빈	구	곱	장	솔	취	흐	열	힘	전	바	갈
씨	머	물	수	김	피	짜	각	쓰	별	행	까	오	람	위
떡	색	꼬	를	왕	쾌	일	깡	때	어	팝	내	면	세	돈
국	유	지	으	농	민	래	녀	히	보	삼	채	쑤	당	얌
마	물	매	골	에	온	호	쌔	올	식	위	태	빙	애	팔
칠	코	냉	수	왜	직	인	앙	면	송	필	틈	되	땅	카
굴	의	뉴	면	국	방	윤	책	물	냄	안	짜	초	킥	으
패	돌	전	빔	쾌	빔	에	네	애	므	콱	장	외	인	칼
각	트	루	장	나	야	씨	흠	파	국	장	면	쓰	키	국
보	쌈	윷	국	임	채	민	전	교	학	출	빵	객	뉘	수
깨	를	파	청	께	는	이	가	은	용	샌	빌	곱	창	곡

- ☐ 칼국수 — *kalguksu*
- ☐ 보쌈 — *bossam*
- ☐ 물냉면 — *mulnaengmyeon*
- ☐ 비빔국수 — *bibimguksu*
- ☐ 떡국 — *tteokguk*
- ☐ 청국장 — *cheonggukjang*
- ☐ 삼겹살 — *samgyeopsal*
- ☐ 짜장면 — *jajangmyeon*
- ☐ 곱창 — *gobchang*
- ☐ 파전 — *pajeon*

의류
Clothing

CLOTHES
의류

Time spent:

키	마	올	추	꽁	시	말	시	재	염	송	또	조	끼	카
감	토	솔	구	잘	매	조	킷	도	나	애	칫	키	당	또
밥	세	한	나	몸	국	유	손	대	미	자	고	영	수	신
캐	복	검	뜨	츠	쿰	두	경	패	쇄	술	국	도	심	선
사	우	쓰	파	크	오	제	알	딩	사	과	호	치	팜	공
고	삼	양	각	트	우	블	루	나	씨	레	드	스	숙	품
깡	제	요	복	포	콜	라	감	여	셔	츠	디	노	지	염
올	뷰	문	소	여	긱	우	치	리	얼	아	더	시	토	맘
민	일	유	먼	으	오	스	까	옹	신	윰	다	팝	알	팽
푸	탈	랑	러	얌	지	인	룰	수	비	악	래	티	디	코
신	애	미	을	뷔	국	율	트	삭	안	밀	밥	몽	잭	웨
터	복	카	야	끼	존	개	패	블	가	리	피	싸	이	다
곡	니	잡	칼	딘	우	스	재	거	단	스	파	카	규	엘
필	초	운	티	셔	츠	모	쥐	씨	노	웨	이	옹	디	내
네	염	송	팡	뀌	빌	요	장	밸	하	터	벤	열	우	건

- ☐ **한복** — hanbok
- ☐ **양복** — suit
- ☐ **셔츠** — shirt
- ☐ **티셔츠** — t-shirt
- ☐ **블라우스** — blouse
- ☐ **스웨터** — sweater/jumper (1)
- ☐ **카디건** — cardigan
- ☐ **조끼** — vest/waistcoat
- ☐ **재킷** — jacket (1)
- ☐ **패딩** — puffer/down jacket

CLOTHES
의류

Time spent:

키	아	만	대	솔	치	밥	가	용	댐	체	치	울	쇄	갈
님	니	발	숭	위	미	까	미	길	냥	육	굴	놰	밀	추
씨	트	프	빙	복	니	스	레	파	추	복	감	수	승	장
칼	유	노	려	비	식	울	여	객	필	이	래	운	맘	닝
핀	얌	카	농	호	옷	해	쥐	와	미	로	교	학	추	소
술	맨	돌	잠	액	스	묘	일	쉬	배	둥	캇	민	센	왕
실	쇄	바	알	연	신	앨	끼	토	아	팬	나	돌	줄	익
솜	밤	귀	엔	비	체	드	레	스	북	채	드	트	육	닝
밈	인	비	모	토	때	혀	간	오	추	리	닝	팍	크	필
고	키	라	야	올	재	시	람	에	괘	알	하	당	동	실
니	비	잠	코	대	법	유	동	시	애	예	파	곡	바	과
마	꼬	데	레	구	연	다	삼	칠	모	혀	리	오	눌	잠
곤	트	수	자	후	니	수	영	족	씨	수	독	색	앨	옷
푸	분	걸	삭	우	송	애	지	사	냉	비	영	오	야	내
코	트	펄	파	삼	종	사	요	바	객	수	바	복	야	매

- ☐ 드레스 — dress
- ☐ 비옷 — raincoat
- ☐ 코트 — coat
- ☐ 니트 — sweater/jumper (2)
- ☐ 잠바 — jacket (2)
- ☐ 잠옷 — pajamas/pyjamas
- ☐ 체육복 — tracksuit (1)
- ☐ 추리닝 — tracksuit (2)
- ☐ 수영복 — swimsuit
- ☐ 비키니 — bikini

LES VÊTEMENTS
의류

Time spent:

콩	염	사	초	캔	디	올	빔	송	니	긱	푸	여	사	안
옹	부	브	라	이	뷔	열	붐	두	와	차	칼	호	볼	둥
국	신	파	팬	소	괘	유	술	호	혜	라	바	긱	스	울
탕	어	미	열	티	격	개	알	란	팔	뜨	지	웅	민	교
밥	이	색	넌	네	로	후	자	제	리	밀	결	합	타	길
구	앨	프	오	골	잔	애	오	리	발	개	티	스	레	앙
마	청	츠	가	혀	패	얼	크	딤	라	팔	삼	수	언	정
장	반	바	지	노	꼬	끼	내	히	요	알	만	씨	프	란
브	구	핫	팬	츠	기	마	엘	올	간	술	크	쇠	히	메
이	어	초	누	닥	자	속	래	일	라	마	킬	칠	밥	곤
실	유	예	법	쥐	옷	스	닭	소	심	교	부	역	조	대
초	힘	코	닫	여	죄	갈	녀	애	굴	법	피	오	대	핫
마	여	객	깅	제	로	재	레	수	가	청	령	멜	키	으
호	비	치	마	알	뜨	깅	송	미	내	아	바	곡	위	리
키	샤	티	반	쇠	스	기	암	초	에	술	달	지	역	세

- ☐ 바지 — pants/trousers
- ☐ 반바지 — shorts
- ☐ 청바지 — jeans/denim
- ☐ 치마 — skirt
- ☐ 핫팬츠 — hot pants
- ☐ 속옷 — underwear
- ☐ 브라 — bra
- ☐ 팬티 — panties/knickers
- ☐ 란제리 — lingerie
- ☐ 레깅스 — leggings

ACCESSORIES 1
액세서리

Time spent:

양	세	출	패	올	띠	알	사	말	국	오	꼬	야	보	미
각	울	쇄	술	치	기	강	동	염	순	또	멜	빵	갈	디
열	메	밥	수	설	법	꾸	용	밀	왜	결	궁	도	밥	울
대	찌	노	장	세	효	띠	골	오	보	곽	룰	로	본	트
프	타	갑	이	엘	센	걱	목	역	문	개	링	넥	경	취
옹	미	델	호	질	다	거	룬	도	송	지	까	맨	연	우
길	소	엔	러	안	스	글	스	각	리	밥	돈	열	숭	에
오	네	탕	킴	카	롱	내	얼	초	아	방	뽀	대	라	대
맘	이	운	프	때	올	효	교	우	차	배	여	더	단	필
취	또	레	야	와	지	허	리	띠	바	걸	모	자	지	모
씨	선	요	위	배	복	멜	지	자	고	허	갑	넥	타	이
장	글	리	프	빵	반	교	해	사	안	예	포	윰	미	고
가	라	조	야	디	얘	올	안	에	경	겨	펠	실	쿠	리
프	스	고	요	길	대	미	창	문	노	아	이	보	염	뇌
크	류	표	반	지	바	애	족	빕	하	강	비	요	굴	호

- ☐ 목도리 — (winter) scarf
- ☐ 스카프 — scarf
- ☐ 멜빵 — suspenders/braces
- ☐ 허리띠 — belt
- ☐ 장갑 — gloves
- ☐ 모자 — hat
- ☐ 넥타이 — tie
- ☐ 안경 — glasses
- ☐ 반지 — ring
- ☐ 선글라스 — sunglasses

ACCESSORIES 2
액세서리

Time spent:

꾜	가	시	몸	화	센	하	각	오	매	봉	츠	새	회	미
귀	방	파	더	이	고	울	양	말	니	비	핸	옹	키	뜨
괘	밀	로	왜	해	포	농	드	혀	길	티	드	고	아	미
송	까	스	채	주	승	상	머	말	프	다	백	요	리	그
띠	어	배	가	지	크	때	술	이	민	용	더	팔	삼	수
씨	욤	딩	위	가	자	몰	여	수	밥	깨	청	팔	찌	장
손	꾜	실	열	유	각	엘	컹	탕	알	벌	노	덜	잔	예
야	곡	멀	당	니	갑	크	걱	하	율	걔	배	계	세	미
오	취	올	망	배	낭	홀	목	여	깅	크	지	핀	쇄	라
각	뜨	결	핸	방	드	찌	걸	리	양	걸	이	갑	칠	찌
개	여	설	머	리	띠	살	이	발	법	코	퐁	허	이	래
둔	귀	장	기	맨	도	엔	말	덪	귀	여	딜	우	마	화
무	걸	추	팡	따	갈	요	배	쥐	솔	띠	얼	비	니	츠
일	이	용	웅	싸	애	미	카	영	뜨	더	엘	수	불	스
방	개	교	진	식	소	티	아	자	혜	홍	백	코	범	주

- ☐ 가방 — bag
- ☐ 핸드백 — purse/handbag
- ☐ 배낭 — backpack
- ☐ 목걸이 — necklace
- ☐ 지갑 — wallet
- ☐ 팔찌 — bracelet
- ☐ 귀걸이 — earrings
- ☐ 머리띠 — headband
- ☐ 숄더백 — shoulder bag
- ☐ 양말 — socks

SHOES
신발

Time spent:

파	람	초	교	애	율	해	가	봉	로	퍼	트	아	여	각
대	옹	류	실	솔	혀	세	웅	니	구	질	때	캉	뱅	신
도	욕	패	굴	두	바	여	내	메	두	오	설	프	시	샌
만	뜨	운	깨	즈	곡	질	애	문	봐	학	화	장	곤	들
피	혜	동	데	걱	발	부	츠	연	말	세	근	뜨	호	쥐
길	도	화	강	화	온	덜	염	사	구	일	테	치	세	미
체	국	싸	왕	플	랫	슈	즈	띠	호	실	해	객	순	유
엘	당	솔	으	퍼	슬	금	엄	고	조	내	야	비	네	무
공	인	려	어	서	지	태	굿	무	츠	화	따	마	위	필
깨	킨	두	내	이	하	송	추	신	비	산	드	레	여	구
힐	이	하	벤	스	번	가	이	돌	따	맘	빔	겨	졸	뒤
귀	크	알	더	빈	슬	예	노	앙	미	규	봉	왜	이	개
꼬	운	츠	랫	즈	리	샌	리	골	촐	라	말	대	으	각
끼	뒤	요	정	반	퍼	삼	수	걱	딜	여	신	송	미	예
곡	을	배	화	강	댕	죄	요	밥	연	또	보	임	해	유

- ☐ 구두 — shoes
- ☐ 운동화 — sneakers/trainers
- ☐ 부츠 — boots
- ☐ 샌들 — sandals
- ☐ 슬리퍼 — flip-flops
- ☐ 실내화 — slippers
- ☐ 하이힐 — high-heeled shoes
- ☐ 고무신 — gomusin
- ☐ 로퍼 — loafers
- ☐ 플랫슈즈 — ballet flats

동물 Animals

ANIMALS 1
동물

Time spent:

하	송	도	배	알	정	지	코	요	나	거	북	이	안	여
새	총	햄	스	터	매	조	곡	곽	양	무	유	갠	철	대
지	요	노	서	달	예	법	미	토	백	맨	포	피	혼	추
실	로	익	이	다	시	긴	얼	초	비	더	민	신	요	소
캔	앵	피	란	조	니	송	미	캐	고	카	도	윤	대	털
러	무	디	노	진	호	야	햄	양	오	칠	이	마	좌	파
논	새	재	팔	화	모	예	이	루	고	성	시	손	뱀	리
야	올	치	영	강	미	차	기	현	포	장	보	매	쇄	채
새	여	칠	통	알	아	혀	밀	카	라	봉	펴	뼈	요	고
씨	땅	일	호	칙	선	지	야	뽀	고	댕	루	안	아	슴
처	키	사	먼	수	런	또	휴	저	앵	세	기	서	차	도
교	토	끼	도	삭	대	겨	호	지	절	히	니	해	푸	치
칼	기	열	초	시	앨	요	갱	이	대	코	피	다	로	실
잔	야	애	슈	쏘	거	배	모	돌	판	대	그	콘	서	트
해	치	강	태	골	디	미	가	살	때	거	딜	아	긴	터

- ☐ **햄스터** *hamster*
- ☐ **강아지** *dog*
- ☐ **거북이** *turtle*
- ☐ **고양이** *cat*
- ☐ **토끼** *rabbit*
- ☐ **도마뱀** *lizard*
- ☐ **기니피그** *guinea pig*
- ☐ **고슴도치** *hedgehog*
- ☐ **거미** *spider*
- ☐ **앵무새** *parakeet/budgie*

ANIMALS 2
동물

Time spent:

고	싱	태	야	쿠	촐	티	앨	피	절	당	필	갤	여	기
기	팬	더	실	열	까	약	칠	대	초	영	이	하	사	린
차	코	해	척	리	갠	코	우	유	다	배	콜	미	열	차
히	꼬	조	매	카	요	끼	애	채	포	진	스	야	쇠	또
꽤	호	랑	이	피	동	리	영	추	호	돈	글	애	일	동
미	인	가	씨	재	괴	시	울	고	송	미	요	늑	대	시
앨	깨	태	포	칠	솔	로	매	운	칼	초	곤	응	내	야
호	킬	로	디	새	사	온	푸	사	얘	먼	치	열	디	손
팔	끼	살	실	대	걸	자	챈	여	신	기	방	기	점	묘
호	촌	리	게	침	망	채	꼬	카	겨	시	사	오	풀	티
태	여	실	오	생	기	뽀	얼	초	앤	슴	린	칸	도	파
리	노	더	여	우	때	악	농	아	미	스	탄	니	야	모
고	다	춘	께	시	혼	당	어	민	오	카	미	냥	원	우
풍	도	요	뚤	실	해	다	지	보	역	상	처	유	숭	야
대	알	채	려	너	패	초	쇼	구	지	어	성	좌	이	모

- ☐ 호랑이 — tiger
- ☐ 사자 — lion
- ☐ 코끼리 — elephant
- ☐ 늑대 — wolf
- ☐ 여우 — fox
- ☐ 기린 — giraffe
- ☐ 악어 — crocodile
- ☐ 원숭이 — monkey
- ☐ 사슴 — deer
- ☐ 팬더 — panda

ANIMALS 3
동물

Time spent:

고	치	얌	하	꼬	챈	히	포	신	연	캐	보	캥	거	루
인	촌	삼	팔	이	카	울	둔	얀	매	우	리	코	지	알
민	동	끼	싱	걸	글	노	애	도	시	빵	가	윤	해	래
디	다	안	가	화	하	대	쏘	피	호	황	얄	길	고	채
향	람	기	촌	뉴	마	카	키	대	여	응	치	애	콜	동
사	쥐	진	지	키	경	울	멧	실	안	쵀	딜	타	까	유
메	동	접	뽕	오	치	돼	이	카	야	호	돌	다	임	우
갠	트	스	고	양	지	수	술	멜	채	송	툴	잼	미	호
인	초	재	규	어	엘	쥐	코	레	솔	염	루	패	또	봉
꽉	실	여	쌔	조	로	피	각	온	디	졸	프	아	이	모
대	콘	뜨	낄	겹	솔	휴	샐	지	암	보	빵	기	고	코
요	달	안	낙	타	고	젠	츠	폴	키	담	조	빼	이	알
민	재	홍	추	틈	룽	비	애	기	열	딘	초	혀	삐	라
박	카	유	가	쏘	니	마	경	치	노	염	솔	볼	꾸	여
쥐	하	겨	밸	효	돼	예	서	질	츠	경	재	우	론	보

- ☐ **캥거루** — kangaroo
- ☐ **코알라** — koala
- ☐ **멧돼지** — wild boar
- ☐ **카멜레온** — chameleon
- ☐ **낙타** — camel
- ☐ **하마** — hippopotamus
- ☐ **치타** — cheetah
- ☐ **재규어** — jaguar
- ☐ **다람쥐** — squirrel
- ☐ **박쥐** — bat

ANIMALS
동물

Time spent:

서	태	지	여	기	있	다	계	굴	묘	야	호	티	초	최
남	기	트	돼	지	포	이	대	밋	생	로	푸	또	실	펴
카	풀	도	나	둘	패	띠	개	구	리	미	신	코	다	우
고	얀	끼	울	채	타	곡	시	열	빼	길	소	웅	거	위
신	암	샌	셋	요	재	술	크	방	태	후	기	인	수	애
미	맘	소	리	초	갱	호	시	패	함	트	우	존	대	디
영	소	미	추	율	군	서	때	필	청	곽	매	여	니	기
동	재	골	지	버	얼	맬	천	꼬	황	소	구	암	달	대
절	미	혀	까	페	아	트	글	향	애	스	토	탉	딱	이
루	당	로	요	시	더	빠	키	메	교	순	오	미	얄	호
밀	구	암	양	고	진	울	꼬	삼	겸	모	다	박	오	형
래	니	농	콘	서	댐	허	드	파	엠	벌	유	오	채	리
끼	리	여	가	츄	송	미	사	보	띠	혼	프	커	뜨	일
목	토	유	우	솔	애	철	화	옴	뇌	덩	어	움	쌔	코
미	토	끼	고	또	로	신	초	녀	염	디	뻐	염	소	우

- ☐ 황소 — *bull*
- ☐ 암소 — *cow*
- ☐ 돼지 — *pig*
- ☐ 암양 — *ewe*
- ☐ 토끼 — *rabbit*
- ☐ 염소 — *goat*
- ☐ 암탉 — *hen*
- ☐ 오리 — *duck*
- ☐ 거위 — *goose*
- ☐ 개구리 — *frog*

ANIMALS
동물

5

Time spent:

말	도	얌	쉬	거	침	면	뜨	열	신	미	곤	알	마	띠
아	키	요	조	송	빈	언	어	뚠	노	끼	리	배	쑬	쥐
뇌	심	폰	기	종	아	유	샘	혀	위	를	이	양	남	오
댕	왕	책	는	지	송	지	미	야	병	아	리	수	참	말
딘	귀	코	혀	밀	당	만	말	요	외	토	요	일	면	숙
리	양	시	퇘	귀	냥	이	까	미	초	유	깨	안	선	타
오	조	나	궁	병	알	이	귀	면	야	칠	농	덜	갓	니
끼	린	이	버	뉴	어	암	퇘	지	오	송	아	미	타	조
새	댁	율	염	린	총	면	대	요	국	회	띨	팝	액	뒤
돼	동	리	양	병	잔	퇘	니	를	가	귀	밀	댕	수	곳
더	곧	끼	새	밀	연	울	닥	책	말	당	아	이	말	샘
프	랑	조	양	긱	고	남	지	송	칠	따	나	요	일	교
하	지	암	오	리	결	암	운	퇘	면	지	아	귀	리	고
고	병	진	말	르	오	니	염	소	조	송	차	타	야	양
흑	쇄	짐	벽	밤	쥐	아	양	퇘	함	쉬	봉	자	율	이

- ☐ **송아지** — calf
- ☐ **어린양** — lamb
- ☐ **칠면조** — turkey
- ☐ **당나귀** — donkey
- ☐ **병아리** — chick
- ☐ **암퇘지** — sow
- ☐ **고양이** — cat
- ☐ **새끼오리** — duckling
- ☐ **암말** — mare
- ☐ **수말** — horse

ANIMALS   6
동물

Time spent:

고	염	칠	패	사	끼	어	노	밀	싱	돼	요	매	문	처
조	무	앙	바	이	화	하	향	유	고	래	토	유	대	히
채	방	뇌	잘	다	요	캄	운	따	빈	며	제	쇠	피	까
실	내	요	조	크	표	태	뼈	뉴	리	돌	고	래	매	주
취	생	절	병	밑	오	범	동	해	귀	지	개	니	장	몽
뷰	자	코	시	얌	항	뒤	프	근	겨	배	앙	미	새	휴
므	상	을	늬	홍	미	거	빼	웅	길	폐	우	를	쓰	있
차	어	리	연	날	북	침	울	탕	뼈	나	휘	오	징	어
까	요	두	고	이	맘	빵	로	공	팀	숫	엿	냐	칼	추
색	옹	차	딥	래	송	내	찌	앙	니	키	위	소	파	약
어	의	야	재	팔	크	싸	바	아	매	요	츠	가	닐	호
깨	문	앵	뀌	조	길	다	쓰	따	날	매	마	욜	단	시
순	히	밀	뜨	팡	사	촌	교	학	대	뽀	유	힘	코	쌔
밍	쥐	갠	스	자	규	묘	혀	질	인	타	일	강	속	피
순	수	왜	걱	역	앵	치	별	우	각	해	파	리	츠	아

- ☐ 돌고래 — dolphin
- ☐ 상어 — shark
- ☐ 오징어 — squid
- ☐ 고래 — whale
- ☐ 해파리 — jellyfish
- ☐ 향유고래 — sperm whale
- ☐ 문어 — octopus
- ☐ 바다표범 — seal
- ☐ 바다사자 — sea lion
- ☐ 거북이 — turtle

BIRDS
새

까	열	추	엠	똥	비	각	수	조	애	떠	맙	간	발	올
뛰	커	용	신	암	골	딤	페	딱	안	펭	독	수	키	빼
알	담	제	걱	빠	민	괘	옷	빔	킥	올	때	기	삼	미
팔	꼬	갈	매	기	싱	에	어	봉	순	의	엘	윰	만	띠
파	인	코	농	해	깜	혀	줌	와	매	알	공	필	타	쓰
드	마	굴	오	각	짐	맨	올	설	밥	열	조	앞	손	위
쏘	앗	하	발	의	까	젤	카	땜	안	퍼	타	크	등	금
조	이	질	올	노	미	각	기	둘	비	빼	임	매	송	스
힘	면	여	남	끄	올	동	시	에	닥	그	염	팔	애	프
으	또	칠	일	호	갈	언	문	고	예	밥	을	따	독	카
씨	야	곡	으	오	리	운	띠	선	사	마	골	화	수	임
펑	펭	귄	뚝	배	길	은	녀	긱	서	큐	르	모	리	듣
기	염	진	아	까	위	얼	또	우	송	조	탄	각	빔	얼
팝	꽈	으	염	위	마	동	잘	곡	은	아	이	참	새	헐
까	민	팡	뜨	깅	범	귀	쥐	언	벌	괘	딘	애	영	도

- ☐ 비둘기 — *pigeon*
- ☐ 오리 — *duck*
- ☐ 까마귀 — *crow*
- ☐ 독수리 — *eagle*
- ☐ 갈매기 — *seagull*
- ☐ 칠면조 — *turkey*
- ☐ 타조 — *ostrich*
- ☐ 올빼미 — *owl*
- ☐ 참새 — *sparrow*
- ☐ 펭권 — *penguin*

Time spent:

공부 Studies

EDUCATION

교육

Time spent:

망	세	공	뒤	로	집	또	강	마	안	어	연	구	실	띠
각	헤	바	웅	쉬	원	땅	파	올	제	견	의	포	감	사
초	함	교	수	일	혀	베	군	이	쥐	리	얼	또	반	순
카	학	엔	을	지	쓰	덩	와	옹	팔	중	칼	으	맘	뚜
대	인	케	은	하	킬	홍	전	위	므	학	꽃	판	익	송
숨	염	를	어	긱	어	구	심	소	빙	교	크	하	석	의
대	시	등	더	린	빛	날	께	설	아	팝	은	는	학	원
학	유	제	이	쓴	미	를	때	학	추	얼	각	씨	띰	문
원	이	집	치	권	오	해	셔	와	삭	으	떰	품	압	퍼
꼬	고	드	랑	트	짐	의	라	에	실	교	껴	초	승	줄
싹	여	빠	둑	쏭	빌	임	딴	스	하	신	비	로	쌰	디
초	코	애	땀	배	조	으	남	유	어	린	고	삼	김	쵀
고	등	술	힘	뜨	거	원	쇄	유	치	원	필	승	큐	엘
식	비	학	왕	열	을	매	동	소	약	땜	이	시	카	인
애	율	소	교	밥	칭	버	스	각	쌰	우	교	학	등	고

- ☐ **어린이집** — nursery/crèche
- ☐ **유치원** — preschool/nursery school
- ☐ **초등학교** — elem./primary school
- ☐ **중학교** — middle/secondary school
- ☐ **고등학교** — high sch./sixth-form
- ☐ **대학교** — college/university
- ☐ **대학원** — grad./postgrad. school
- ☐ **학원** — institute/academy
- ☐ **연구실** — research laboratory
- ☐ **교실** — classroom

EDUCATION 2
교육

Time spent:

대	학	생	빈	귀	공	우	포	열	미	아	여	숨	각	비
뎅	초	하	학	시	브	얼	수	각	민	코	대	밥	선	띠
옷	배	카	미	생	봉	구	얼	해	사	귀	먼	배	케	일
땀	소	에	을	쥐	뱅	또	와	응	팔	으	일	유	맘	때
핑	의	캉	오	혀	길	힘	조	왕	므	를	고	빈	엑	도
대	삭	맹	여	윤	만	방	오	상	강	또	끄	강	푸	움
사	심	호	생	우	김	똘	길	리	을	동	니	인	사	미
아	유	입	교	바	밈	람	후	배	끼	안	옴	뜨	탐	옴
밀	신	공	술	으	고	밥	뒤	분	시	악	람	학	쏴	밥
피	또	리	곤	쥐	님	끼	때	으	바	안	갈	띤	도	크
새	강	유	법	생	키	근	세	삼	아	으	팔	뜨	곡	디
피	코	덤	선	쉬	김	돌	사	긴	몰	앨	수	교	핸	다
겨	의	저	여	야	교	외	간	에	솔	균	푼	크	규	을
핀	번	유	옹	왜	사	임	손	샘	견	아	이	학	계	세
커	얄	프	딮	끄	반	오	지	베	해	순	비	우	꽁	뜬

- ☐ 학생 — student/pupil
- ☐ 대학생 — college/uni. student
- ☐ 선생님 — teacher
- ☐ 교사 — (school) teacher
- ☐ 교수 — (university) professor
- ☐ 강사 — teacher/lecturer
- ☐ 후배 — junior/younger student
- ☐ 선배 — senior/older student
- ☐ 학우 — schoolmate
- ☐ 신입생 — freshman/fresher

SUBJECTS/DISCIPLINES 1

과목

Time spent:

미	갈	셈	추	영	하	핀	시	각	문	동	신	메	열	웃
학	탕	민	껴	술	비	올	팡	치	역	학	띠	봉	면	준
킹	일	학	수	참	미	술	융	해	위	학	긴	쏙	술	민
키	와	노	를	쥐	쇄	똥	요	왕	팔	리	곡	우	는	만
마	이	까	녀	치	프	떠	뒤	옹	맘	지	격	펑	익	초
뇌	먼	올	운	미	쥐	엄	혜	신	봉	체	푸	알	쏘	의
속	심	햄	석	윙	싸	빼	크	뜸	아	퐁	연	딩	조	일
하	율	젝	으	내	멀	을	곽	대	온	간	울	손	세	근
힘	물	치	랑	에	언	호	국	학	땍	왜	따	파	미	출
학	까	은	괘	꼬	춤	인	래	화	림	하	글	동	객	침
석	사	민	들	밥	옆	유	꿀	쓰	하	철	학	몽	진	또
갓	송	역	출	방	과	학	노	요	크	꾸	풀	온	칠	개
격	법	앗	참	뜨	운	외	긴	소	광	화	라	팔	제	금
푸	밥	학	네	앨	쇄	및	고	룬	돼	야	해	굼	실	타
칼	데	견	빈	교	문	팍	종	지	혀	각	비	물	리	학

- ☐ **문학** — literature
- ☐ **수학** — mathematics/maths
- ☐ **과학** — sciences
- ☐ **화학** — chemistry
- ☐ **물리학** — physics
- ☐ **역사학** — history
- ☐ **지리학** — geography
- ☐ **철학** — philosophy
- ☐ **법학** — law
- ☐ **미술** — art

SUBJECTS/DISCIPLINES 2

과목

Time spent:

배	동	열	수	가	앤	초	발	키	돼	실	술	곽	학	차
참	보	댕	쇄	이	밥	오	팽	또	놰	아	단	빌	닫	대
학	송	연	치	반	경	쿨	윤	해	외	귀	빕	정	초	치
카	역	번	울	쥐	제	때	움	학	팔	뜨	천	문	학	세
금	양	무	예	노	학	대	지	리	격	을	죄	앞	익	총
시	음	를	미	술	사	딱	오	심	빔	울	깨	여	쇄	위
씩	손	혀	을	왕	쇄	를	외	국	어	미	숙	차	액	임
해	율	종	학	노	매	걸	사	파	리	기	윤	색	띠	암
매	의	문	체	갈	호	프	쏘	올	신	술	띰	피	학	자
팔	인	김	열	와	적	운	르	돼	살	학	깍	곽	동	걱
인	먼	의	으	밥	앞	유	뜨	쑥	아	김	방	심	외	국
참	돼	를	따	붕	사	으	간	아	해	어	실	윤	미	키
스	키	감	쌈	총	회	무	격	뜨	순	정	치	학	괘	핀
피	번	은	는	왕	학	밀	쯔	뒤	농	굼	울	요	교	니
송	까	스	밥	춤	회	심	술	무	각	송	때	울	방	세

- ☐ **정치학** — *political science*
- ☐ **사회학** — *sociology*
- ☐ **인문학** — *humanities*
- ☐ **심리학** — *psychology*
- ☐ **천문학** — *astronomy*
- ☐ **무역학** — *business*
- ☐ **외국어** — *foreign languages*
- ☐ **미술사** — *art history*
- ☐ **경제학** — *economics*
- ☐ **기술학** — *technology*

SCHOOL SUPPLIES
학용품

Time spent:

책	노	린	열	노	크	트	하	동	돼	익	칠	방	야	때
개	교	남	심	의	불	요	팔	통	샘	야	재	빌	몬	츠
공	필	건	식	됴	하	교	종	해	위	를	방	교	고	송
책	송	댁	필	죄	얌	돌	왜	툼	격	의	연	손	말	건
볼	펜	방	돈	혀	까	휴	제	광	노	통	트	팔	혼	실
이	변	각	진	마	사	열	오	쌔	반	지	놈	야	연	왕
책	상	가	극	개	운	우	별	가	창	핀	노	쁘	조	공
볼	진	돼	채	노	맹	귀	노	쓰	랑	튼	외	각	천	험
방	뒤	욜	면	방	필	공	댁	사	책	교	동	팡	요	태
핀	도	역	심	왕	가	사	디	진	트	공	맥	책	방	소
공	통	지	역	민	펜	예	때	교	언	연	발	매	지	역
이	숙	볼	천	키	장	혀	노	말	힘	교	제	올	니	공
종	피	죄	야	지	사	완	료	해	봐	필	고	노	히	를
트	변	볼	통	우	펜	공	필	책	염	아	연	솔	위	연
캐	칠	필	밤	개	귀	요	교	방	심	종	시	노	트	이

- ☐ 공책 — notebook (1)
- ☐ 필통 — pencil case
- ☐ 연필 — pencil
- ☐ 볼펜 — ballpoint pen
- ☐ 교재 — textbook
- ☐ 지우개 — eraser/rubber
- ☐ 종이 — sheet of paper
- ☐ 가방 — backpack/school bag
- ☐ 사전 — dictionary
- ☐ 노트 — notebook (2)

취미
Hobbies

SPORTS
운동

Time spent:

마	율	초	발	개	운	오	책	미	승	앙	프	까	참	아
열	순	마	쉬	올	삼	팔	칠	까	여	니	뽀	강	우	참
쇄	굴	파	아	망	수	귀	야	취	밴	구	언	금	세	영
빨	치	테	악	취	안	도	되	튀	애	국	쥐	발	수	시
봐	구	이	니	만	주	양	베	리	축	깨	뒤	팔	붕	소
염	지	임	각	스	유	마	승	구	칼	때	맹	프	랑	초
갋	암	해	율	왕	씨	랑	까	띠	올	민	굴	쥐	갬	이
아	국	쇠	문	야	구	감	찰	뜨	꾸	밥	쇄	영	수	맘
니	배	골	데	민	오	영	승	차	감	수	성	파	얌	골
테	처	호	추	골	댁	임	룸	때	각	체	얌	귤	대	프
볼	야	팜	도	윤	개	롱	짜	겨	알	민	괘	배	국	딤
드	씨	골	뒤	간	농	구	매	배	드	민	턴	운	쇠	작
핸	확	제	밥	숭	기	알	배	혀	구	새	법	프	각	염
필	가	라	테	런	위	함	근	샐	독	암	서	열	뒤	에
까	엘	퍼	탑	귀	방	올	주	빈	하	쑤	고	옆	세	상

- ☐ 축구 — *soccer/football*
- ☐ 야구 — *baseball*
- ☐ 테니스 — *tennis*
- ☐ 농구 — *basket*
- ☐ 배드민턴 — *badminton*
- ☐ 골프 — *golf*
- ☐ 수영 — *swimming*
- ☐ 핸드볼 — *handball*
- ☐ 가라테 — *karate*
- ☐ 승마 — *horse riding/equestrian*

SPORTS
운동

Time spent:

밥	수	열	십	구	연	마	꿀	해	냐	공	필	쏙	차	구
몰	국	대	양	미	캐	올	치	휴	각	밤	피	어	골	배
체	유	공	백	궁	구	태	삼	요	괄	후	데	숨	고	아
조	허	볼	해	가	식	푼	암	배	교	태	세	근	얌	굼
꽃	얘	방	솜	하	려	앙	제	윤	미	길	초	배	야	샘
송	힘	노	앨	엑	포	쉬	올	신	새	계	몬	삽	춤	예
씨	추	혀	리	메	스	과	숲	따	압	팔	놀	비	럭	이
럭	도	잼	요	닐	키	포	땜	하	열	태	권	도	총	빈
면	운	꼬	유	대	하	띠	프	골	쏴	곤	피	해	뮈	휴
팔	뜨	르	도	와	복	에	후	고	봐	야	알	통	귀	애
쓰	얌	허	으	싱	바	구	니	리	담	믄	금	실	속	뒤
팝	굼	동	때	윤	되	속	뉘	애	복	밍	패	함	추	브
건	트	각	얌	소	도	육	상	대	팅	이	케	스	김	수
리	벙	끄	니	애	롱	좀	단	길	손	바	요	도	개	온
뷔	상	궁	케	이	팅	키	사	밥	송	위	댐	쇠	엽	구

- ☐ 럭비 — *rugby*
- ☐ 태권도 — *taekwondo*
- ☐ 유도 — *judo*
- ☐ 스키 — *skiing*
- ☐ 복싱 — *boxing*
- ☐ 배구 — *volleyball*
- ☐ 육상 — *track and field/athletics*
- ☐ 체조 — *gymnastics*
- ☐ 양궁 — *archery*
- ☐ 스케이팅 — *skating*

SPORTS
운동

Time spent:

까	유	몸	색	취	아	마	다	이	빙	액	스	앙	쉬	뜨
대	그	보	요	미	까	울	파	따	노	스	키	핑	테	스
땅	만	보	염	쉬	벤	거	타	카	초	루	브	사	이	몰
꽁	달	안	류	조	눙	또	이	망	태	권	조	기	리	다
팔	아	꼬	뇨	임	쇄	해	필	고	여	줌	와	필	새	곤
씨	핑	이	각	돈	지	민	오	앳	밥	유	깜	이	송	구
싹	달	효	스	옹	손	람	돈	띰	압	팡	뇌	닥	즈	염
알	리	잭	리	하	책	라	서	핑	펜	떡	스	노	곡	미
옮	기	다	걱	헤	키	을	채	기	고	노	배	야	것	피
컬	람	쇄	알	왜	교	둔	뉘	온	보	가	를	클	때	우
이	스	키	링	달	빼	곡	뜨	딩	빠	앎	그	진	봄	가
사	송	컬	핑	또	객	차	오	바	이	걱	밴	요	사	혀
힘	지	질	링	따	유	외	요	개	홍	지	실	번	이	악
필	호	용	슬	빙	곤	만	가	씨	노	여	안	올	클	방
겨	은	금	레	큐	싱	펜	잔	세	근	쏙	바	토	링	일

- ☐ 서핑 — surfing
- ☐ 스노보딩 — snowboarding
- ☐ 컬링 — curling
- ☐ 아이스하키 — ice hockey
- ☐ 다이빙 — diving
- ☐ 펜싱 — fencing
- ☐ 사이클링 — cycling
- ☐ 달리기 — racing/running
- ☐ 요가 — yoga
- ☐ 레슬링 — wrestling

MUSIC
음악

Time spent:

밤	또	몰	외	추	가	람	용	개	알	빅	또	간	얌	오
딜	라	장	소	사	염	다	우	런	맙	래	곡	콘	초	비
하	미	포	꽁	시	파	감	유	색	보	딱	화	오	서	세
금	고	양	래	구	장	데	운	쉬	파	삼	운	까	벌	트
마	콘	서	오	연	그	하	요	노	밤	끄	프	신	마	드
이	모	열	공	길	페	송	동	공	진	여	식	마	우	다
크	쏘	차	판	이	골	연	페	스	티	벌	내	민	겨	어
후	도	쥐	앤	말	귀	케	오	따	오	발	미	콘	시	프
곡	래	뚜	파	자	꼬	연	크	밭	수	술	호	꼬	피	봉
때	국	일	주	댄	준	가	수	꺄	비	티	어	슈	영	작
구	씨	연	올	노	를	뮤	샅	작	수	얌	드	회	엘	곡
본	쓰	을	티	트	래	고	난	지	아	역	미	언	리	가
곡	염	춘	란	장	티	콜	벌	대	신	걱	빈	쇄	애	알
팔	칠	오	케	스	트	라	육	이	오	뜨	린	칼	깍	노
계	말	츠	교	칸	뷔	오	종	밥	혀	속	시	뮤	지	컬

- ☐ 가수 — *singer*
- ☐ 연주자 — *musician*
- ☐ 노래 — *song*
- ☐ 콘서트 — *concert*
- ☐ 작곡가 — *composer*
- ☐ 뮤지컬 — *musical*
- ☐ 마이크 — *microphone*
- ☐ 공연장 — *concert hall/venue*
- ☐ 페스티벌 — *festival*
- ☐ 오케스트라 — *orchestra*

INSTRUMENTS
악기

Time spent:

디	나	노	기	려	운	포	각	래	호	나	열	순	얼	피
닥	아	삼	린	영	취	론	어	일	힘	깍	신	해	론	디
피	칼	바	이	올	린	돈	그	랑	색	포	술	트	칸	드
펫	치	얼	느	국	병	취	콘	서	필	럼	귀	딘	갈	니
데	비	기	담	혀	국	때	바	이	피	노	끼	오	히	히
차	타	온	베	오	로	유	카	손	시	씨	역	뱀	띰	고
쉬	손	하	일	윰	꼬	링	땅	색	첼	호	삐	갈	신	시
연	울	노	애	닭	로	프	카	소	하	올	뚬	크	타	리
미	농	올	린	첼	닥	기	아	폰	스	이	폰	때	드	험
플	풀	꼬	딩	래	뼈	쥐	엘	소	톤	파	곡	플	루	트
수	임	악	뛰	트	기	베	이	스	따	파	약	민	송	소
퓌	기	열	고	동	작	팡	책	색	밍	드	떠	벌	위	각
신	소	오	희	요	로	간	방	드	럼	유	서	프	지	기
펫	럼	트	왜	이	각	도	쏜	추	밤	회	하	혜	과	온
카	엘	팝	포	고	운	밤	개	또	애	이	치	고	움	트

- ☐ 피아노 — piano
- ☐ 바이올린 — violin
- ☐ 기타 — guitar
- ☐ 드럼 — drums
- ☐ 플루트 — flute
- ☐ 첼로 — cello
- ☐ 하프 — harp
- ☐ 트럼펫 — trumpet
- ☐ 색소폰 — saxophone
- ☐ 베이스 — bass guitar

MUSIC GENRES
음악 장르

Time spent:

키	쫄	피	연	술	가	얌	스	벙	츠	트	로	트	슴	도
각	좨	벅	라	임	쇠	비	열	숭	물	초	간	배	미	구
드	로	뼈	재	그	멈	쉬	일	힘	또	귀	액	프	알	구
엠	큰	꼬	르	식	힙	삭	온	별	로	트	렉	일	미	걸
쑤	롤	카	니	해	끼	혀	직	와	라	일	생	회	긴	뜨
하	미	발	껴	엑	포	망	오	시	반	유	캄	에	숙	위
씨	쓰	라	일	왕	고	케	큰	따	아	팔	네	덕	줌	이
안	율	드	은	농	민	올	이	휘	온	안	심	쏙	딱	트
맬	임	운	꼭	알	렉	후	손	팝	뚜	밥	골	휘	드	런
필	뚦	일	앤	영	줌	인	라	떼	힙	합	금	뜨	당	트
공	와	비	짐	붕	등	의	기	쓰	암	말	궁	및	쭐	동
토	팝	앍	때	봉	로	튼	안	여	맹	뀨	파	오	힝	경
송	잇	자	역	은	즈	실	악	에	씨	각	팔	씩	콩	랑
홍	빛	앤	케	재	클	재	트	할	배	발	뜸	고	위	농
칼	피	꺼	핀	강	파	대	존	벌	해	클	래	식	키	골

- ☐ 케이팝 — k-pop
- ☐ 힙합 — hip-hop
- ☐ 팝송 — pop
- ☐ 로큰롤 — rock and roll
- ☐ 재즈 — jazz
- ☐ 클래식 — classical music
- ☐ 일렉트로 — electronic/edm
- ☐ 트로트 — trot
- ☐ 발라드 — ballad
- ☐ 알앤비 — r&b

CINEMA/MOVIES
영화

Time spent:

바	연	숙	체	일	손	괌	찰	밥	공	으	경	십	타	일
쇄	겍	의	삼	이	바	블	팔	푸	뇌	인	독	별	마	얄
숙	블	법	칠	호	늬	유	록	관	빌	메	주	곽	술	여
배	라	마	영	봉	새	띠	위	버	프	우	를	염	수	땅
영	화	제	터	각	내	혀	지	은	스	열	관	영	주	영
쑤	임	카	오	익	저	나	올	윤	박	터	라	마	나	화
지	영	메	는	움	꺄	긴	크	땀	크	버	댁	디	좨	관
블	록	라	에	남	염	인	감	동	쉬	인	왜	쑴	돼	매
봉	새	유	매	득	국	함	식	라	배	댄	뮤	각	아	배
엘	쥐	버	스	메	알	인	칸	에	봉	생	되	띰	우	크
식	연	외	흑	밥	까	쪼	개	마	우	화	스	법	직	대
노	숭	킬	먼	불	독	에	드	봉	곽	퀴	은	담	이	고
공	위	졸	곤	감	인	주	쇠	열	쉼	영	팔	신	마	를
채	번	유	뫼	일	득	각	종	씨	놀	아	임	라	거	능
괘	얼	빙	지	영	촬	오	짐	밥	해	삭	드	움	와	긱

- ☐ 영화관 — movie theater/cinema
- ☐ 배우 — actor/actress
- ☐ 감독 — director
- ☐ 촬영지 — filming location
- ☐ 드라마 — drama
- ☐ 카메라 — camera
- ☐ 영화제 — film festival
- ☐ 개봉 — release
- ☐ 블록버스터 — blockbuster
- ☐ 주인공 — main character

FILM GENRES
영화 장르

Time spent:

나	구	판	쇠	를	닭	소	참	외	미	각	대	얌	에	모
달	귀	액	션	이	봉	열	로	매	드	야	도	쥐	말	험
마	전	옥	수	딘	팔	육	도	러	까	을	왼	판	독	유
킹	와	니	알	드	소	댁	열	국	내	위	고	연	맘	또
법	익	겨	만	라	타	지	올	왜	골	를	악	험	독	역
맨	번	메	오	마	포	달	오	쉬	밤	어	설	암	도	코
미	디	쟁	전	참	구	장	손	바	공	여	네	짜	엇	민
야	우	되	능	말	악	채	품	해	여	안	스	릴	러	멀
다	임	션	콜	약	돈	모	러	힘	소	얌	판	라	마	파
석	드	를	까	모	천	아	스	괴	비	타	민	지	코	니
쇄	코	일	죄	박	쟁	선	맨	루	아	공	시	몬	직	닥
포	춘	미	전	메	하	으	로	각	포	돈	팔	위	니	고
퇴	미	션	디	호	유	왕	바	에	고	진	지	솔	퀴	흥
파	벨	윤	라	타	극	만	제	스	릴	타	혀	온	스	니
카	애	니	메	이	션	올	쟁	봉	판	럼	험	되	액	덕

- ☐ **액션** — action
- ☐ **모험** — adventure
- ☐ **코미디** — comedy
- ☐ **로맨스** — romance
- ☐ **공포** — horror
- ☐ **스릴러** — thriller
- ☐ **전쟁** — war
- ☐ **판타지** — fantasy
- ☐ **애니메이션** — animation
- ☐ **드라마** — drama

꽌꽌ㅇ
Tourism

TRANSPORTATION
교통

Time spent:

비	락	참	송	대	버	트	연	비	갈	제	곡	풍	타	지
하	행	삭	일	해	바	이	총	오	터	다	이	봉	음	하
술	츠	기	지	바	철	생	소	를	응	거	전	시	아	철
기	노	프	쾌	징	세	국	민	튼	뚜	객	천	위	신	서
차	길	영	더	해	캉	운	번	쥐	솜	냉	주	판	꾹	신
쇠	뒤	객	오	밀	자	전	서	진	춤	유	찡	계	때	호
술	회	닥	전	보	드	카	응	란	함	고	풀	든	졸	힘
얌	후	배	동	순	므	객	처	혼	올	애	류	속	딸	힘
자	차	구	티	의	왜	호	빈	왜	씩	드	키	거	걍	팔
은	뛰	동	를	마	준	이	대	귀	발	홈	존	전	딜	키
속	선	우	자	버	드	오	하	철	각	매	불	자	대	통
빈	객	르	택	비	동	깨	은	야	림	킹	패	와	지	곡
돌	여	짐	아	뜨	반	크	호	오	토	바	이	숭	돼	킥
필	번	유	독	쥐	미	곽	제	뇌	안	다	귀	옴	존	보
카	택	시	때	를	는	가	버	스	호	삭	마	으	다	드

- ☐ 비행기 — *airplane/plane*
- ☐ 기차 — *train*
- ☐ 지하철 — *subway/underground*
- ☐ 버스 — *bus*
- ☐ 택시 — *taxi/cab*
- ☐ 자동차 — *voiture*
- ☐ 자전거 — *bicycle/bike*
- ☐ 오토바이 — *motorcycle*
- ☐ 킥보드 — *scooter*
- ☐ 여객선 — *passenger ship*

TRAVEL
여행

Time spent:

야	속	카	딩	설	비	역	술	하	무	라	윤	디	공	수
좌	착	석	마	응	라	단	밀	쉬	그	열	숙	숫	서	임
수	도	씨	각	함	줄	유	격	실	은	돼	인	속	추	마
키	위	노	를	줴	식	따	와	으	팔	엔	린	육	맘	뚜
핀	일	까	는	세	지	하	존	외	밍	달	공	푼	익	스
여	저	위	올	킬	권	및	옥	순	민	외	깍	아	시	귀
섹	은	해	롱	대	비	여	자	수	차	물	은	차	세	이
아	출	자	엘	내	넝	알	느	호	앙	석	촤	싹	띵	를
놀	딘	발	말	시	바	구	강	인	쉬	우	딱	팡	열	피
빼	둥	풀	라	목	적	지	도	자	기	암	칠	되	수	다
시	관	열	으	랑	빛	유	띠	속	뚫	만	비	카	하	딩
배	국	세	뜨	비	좌	걱	물	하	삭	둥	팔	오	물	귀
온	비	제	아	숙	외	왕	마	딜	새	비	민	속	까	를
패	미	곡	안	소	개	좌	석	뒤	농	아	자	연	트	대
끽	빈	프	사	기	빈	올	쥐	밥	해	술	벤	요	걱	치

- ☐ 여권 — passport
- ☐ 목적지 — destination
- ☐ 출발 — departure
- ☐ 도착 — arrival
- ☐ 비자 — visa
- ☐ 수하물 — luggage/baggage
- ☐ 시차 — time difference/jet lag
- ☐ 좌석 — seat
- ☐ 세관 — customs
- ☐ 숙소 — accomodation

AT THE AIRPORT
공항

Time spent:

사	올	취	개	를	해	밥	새	곡	닥	참	요	갤	야	뒤
반	규	아	교	이	탑	승	권	넝	니	반	구	일	마	터
숙	세	필	다	먼	윤	꺄	세	참	자	계	빌	드	내	미
네	위	농	를	직	센	디	도	왕	들	체	드	민	마	널
팔	이	간	네	해	군	단	되	위	밀	등	각	핀	작	시
제	면	동	인	기	즈	은	요	쇄	칸	유	긱	항	공	권
권	제	환	디	삭	심	여	승	되	아	팡	나	굴	지	위
야	춤	제	원	연	민	환	간	햄	도	아	리	착	숙	마
참	의	무	갬	투	게	더	스	섹	관	친	따	침	야	패
국	승	른	다	와	지	점	딜	느	받	경	탕	삭	괘	캄
순	위	등	뎀	빌	왜	쿠	때	식	아	만	빈	이	쥐	동
필	곡	메	항	공	사	닭	점	아	진	국	항	상	륙	고
고	씽	재	원	수	다	에	세	으	승	식	팔	로	닥	라
륙	승	공	웅	와	는	만	면	실	뇌	안	임	혀	객	노
카	착	밥	둥	괘	발	요	진	법	핸	스	속	처	결	항

- ☐ **터미널** — terminal
- ☐ **항공권** — plane ticket
- ☐ **승무원** — cabin/flight crew
- ☐ **항공사** — airline
- ☐ **면세점** — duty free
- ☐ **이륙** — takeoff
- ☐ **착륙** — landing
- ☐ **환승** — connection/layover
- ☐ **탑승권** — boarding pass
- ☐ **결항** — cancellation

AT THE TRAIN STATION
기차역

Time spent:

야	세	올	취	송	새	밥	여	각	니	멀	두	얀	차	개
딜	규	함	거	위	바	차	를	딘	염	각	쥐	뉘	만	때
갈	쏙	환	술	안	폐	량	유	해	위	를	반	규	싀	유
카	위	승	간	시	당	열	위	왜	급	행	열	차	만	딕
필	위	역	너	앙	꿔	장	표	곧	자	은	괘	알	둔	식
객	권	네	오	익	그	노	인	맘	베	율	닥	깨	원	매
예	세	호	암	위	예	매	카	뜨	야	퍼	인	심	제	표
아	국	쥐	동	굴	행	차	상	예	권	연	반	깨	뜨	소
승	장	행	국	엘	오	해	뒤	오	지	왜	끼	연	아	팔
진	돼	일	신	까	미	먼	극	외	효	장	소	엘	딤	커
쉬	권	차	승	매	여	환	증	자	개	마	열	닝	모	되
칭	급	를	돈	반	시	산	나	행	예	종	승	오	임	거
고	이	조	암	역	운	왜	얼	에	뛰	프	랑	강	따	두
차	사	위	유	교	를	민	저	씨	량	소	이	온	장	각
운	행	시	간	에	본	오	재	괘	응	괘	때	이	올	밥

- ☐ **매표소** — ticket counter/office
- ☐ **승차권** — train ticket
- ☐ **환승역** — connection
- ☐ **예매** — reservation
- ☐ **운행시간** — timetable
- ☐ **지연** — delay
- ☐ **승강장** — platform
- ☐ **급행열차** — express train
- ☐ **열차** — train
- ☐ **차량** — railcar/carriage

HOLIDAYS AND TOURISM
휴가와 관광

Time spent:

바	다	맨	역	풍	참	객	술	휘	염	당	지	동	실	때
서	넘	객	기	라	흐	닷	가	율	등	남	가	관	종	띠
카	속	팔	광	주	열	음	인	혀	위	를	방	식	째	유
계	세	야	일	관	주	객	짐	왜	책	달	도	지	경	프
진	마	콩	기	념	품	해	술	각	민	극	예	신	익	도
엽	서	지	세	계	미	코	요	선	트	속	바	마	다	위
주	곡	인	는	왜	속	딜	쥐	따	객	관	쭈	말	직	원
닭	여	광	미	까	태	왕	제	바	진	마	사	품	긴	념
짱	이	유	가	역	졸	기	객	오	교	방	뜨	팔	야	채
쇠	동	닷	도	힘	직	품	엿	삭	엽	덕	열	념	하	광
경	바	풍	에	빌	보	닷	가	설	아	광	바	주	계	세
빙	객	쥐	땅	빌	주	여	온	댁	임	관	다	로	홍	진
경	포	품	아	일	의	왕	닥	실	곡	관	필	색	규	사
도	역	으	계	극	삼	밀	잭	식	농	혀	경	반	닷	다
가	길	세	지	태	돼	오	엽	섬	빵	귀	별	풍	기	관

- ☐ 바닷가 — beach
- ☐ 관광 — tourism
- ☐ 지도 — map
- ☐ 관광객 — tourist
- ☐ 바다 — sea
- ☐ 기념품 — souvenir
- ☐ 세계일주 — trip around the world
- ☐ 풍경 — landscape
- ☐ 사진 — photo
- ☐ 엽서 — postcard

AT WORK

직장

Time spent:

호	빈	각	열	급	대	영	토	의	하	임	근	센	려	닫
으	실	민	오	사	친	직	태	를	농	암	신	이	리	디
리	무	대	숙	급	던	인	유	해	위	일	방	대	퇴	근
까	사	출	워	람	축	월	쉬	대	공	혀	임	팔	그	댕
지	일	근	내	효	키	뽀	퇴	왜	일	식	골	풀	여	식
때	민	비	로	익	진	일	출	퍼	총	개	역	쇄	힘	위
근	시	리	회	다	염	침	끼	뜨	야	늪	니	일	월	지
애	교	쪼	림	상	음	실	노	고	야	해	개	올	띠	회
민	자	무	출	혀	오	해	해	코	귀	왕	띠	별	담	의
의	돼	연	급	의	하	미	킹	댕	벌	어	딜	동	팜	끼
실	여	직	에	를	의	규	덜	쉬	회	사	방	미	잭	덕
필	사	름	퇴	속	진	에	노	차	임	퇴	내	온	월	무
사	키	종	밥	도	일	남	햄	위	곳	직	파	역	해	지
고	밤	송	치	자	일	마	괴	짜	나	연	푸	출	끄	월
근	무	일	리	닥	빙	요	짐	배	혀	숭	잭	위	급	무

- ☐ 회사 — company
- ☐ 사무실 — office/desk
- ☐ 일자리 — position
- ☐ 회의 — meeting
- ☐ 월급 — monthly salary
- ☐ 출근 — going to work
- ☐ 퇴근 — leaving work
- ☐ 해고 — dismissal/layoff
- ☐ 퇴직 — retirement
- ☐ 사직 — resignation

AT WORK

직장

Time spent:

일	가	잠	근	새	휴	다	맨	힘	동	익	징	야	올	띠
산	감	최	식	일	봉	요	실	야	든	해	닐	별	민	또
쉬	야	송	근	피	급	휴	봉	새	골	일	빈	까	선	유
개	가	뜨	열	진	염	대	위	왜	팔	에	딤	무	시	다
시	여	감	니	해	콜	때	급	심	금	를	고	방	딕	엿
니	힘	로	오	역	짐	력	서	여	밥	운	개	해	식	봉
봉	새	근	얌	왜	기	휴	상	근	참	곡	연	딤	산	출
가	동	급	애	온	밀	칼	노	무	왕	바	위	출	깨	딘
료	벼	둑	민	출	봉	야	여	시	출	새	또	산	하	팔
뒤	공	함	리	장	직	비	열	간	시	삼	기	휴	시	하
두	도	급	휴	닥	가	푸	근	스	연	동	비	가	담	서
휴	여	열	근	사	상	얄	기	타	총	샘	봉	오	력	개
이	역	서	하	휴	료	또	동	여	마	길	팔	이	깨	을
근	차	료	신	요	급	장	다	속	남	아	이	코	서	장
휴	열	휴	가	김	동	오	직	번	근	야	위	요	연	봉

- ☐ 휴가 — leave/time off
- ☐ 출산휴가 — maternity leave
- ☐ 급여 — compensation/remuneration
- ☐ 상여금 — bonus
- ☐ 이력서 — resume/cv
- ☐ 연봉 — annual salary
- ☐ 야근 — overtime
- ☐ 출장 — business trip
- ☐ 근무시간 — working hours
- ☐ 동료 — colleagues

PROFESSIONS
직업

Time spent:

밥	관	설	침	야	바	인	구	심	택	배	열	수	군	인
딱	찰	아	식	익	번	여	팔	때	노	야	단	빌	매	똥
경	의	마	곡	실	프	당	유	호	맘	님	싱	새	올	구
캉	위	원	담	지	새	꼬	위	원	사	이	요	닫	님	단
째	배	각	소	염	생	심	무	공	하	일	디	패	의	카
신	으	사	리	요	경	바	찰	배	판	얄	사	개	색	염
사	공	축	찰	감	일	사	기	방	오	찌	노	담	님	이
아	유	원	싱	사	간	초	호	마	방	택	울	경	생	찰
미	무	의	열	생	님	키	삭	간	관	우	딱	필	선	역
연	또	무	찰	공	찰	미	호	님	방	리	요	대	둠	카
잼	사	요	배	소	방	사	판	씨	야	면	빌	님	오	미
원	딕	경	댁	빌	조	은	사	빠	암	규	풀	사	이	곡
쥐	의	바	사	디	무	관	아	해	속	딘	기	소	님	경
찰	선	개	님	선	의	사	호	다	판	배	찰	판	방	군
원	무	공	인	추	군	간	질	배	택	욱	아	리	요	관

- ☐ **선생님** — teacher
- ☐ **경찰** — police officer
- ☐ **군인** — soldier
- ☐ **소방관** — firefighter
- ☐ **공무원** — civil servant
- ☐ **의사** — doctor
- ☐ **간호사** — nurse
- ☐ **판사** — judge
- ☐ **요리사** — chef/cook
- ☐ **택배기사** — delivery person

PROFESSIONS
직업

Time spent:

엔	건	조	빵	세	얌	도	린	여	각	따	여	가	동	원
지	운	약	차	사	시	제	팡	를	호	야	동	어	지	니
니	시	빼	인	곡	수	유	은	비	거	서	가	용	사	우
어	자	용	회	원	치	자	빵	수	댁	선	위	축	마	닥
인	장	길	노	비	번	정	치	미	올	얄	각	필	건	식
약	망	빵	세	자	인	는	째	신	치	몬	키	알	앤	지
기	엔	어	기	수	선	언	말	띠	서	빅	농	뒤	찌	니
자	미	용	사	여	축	가	각	축	지	몬	왕	사	호	염
밀	의	어	회	콘	원	제	작	약	나	의	말	벅	운	동
선	수	인	역	어	임	사	해	득	알	약	해	뒤	동	제
신	엔	지	치	건	수	다	회	빵	서	치	축	올	빵	당
수	깃	극	자	정	온	왜	사	열	민	교	팡	사	인	개
선	힘	족	원	축	에	왕	야	해	짐	용	만	미	공	사
동	니	어	건	함	울	개	용	셈	노	아	서	추	예	노
운	알	동	약	거	약	사	건	기	니	비	제	방	사	허

- ☐ 회사원 — *employee*
- ☐ 제빵사 — *baker*
- ☐ 엔지니어 — *engineer*
- ☐ 기자 — *journalist*
- ☐ 건축가 — *architect*
- ☐ 운동선수 — *athlete*
- ☐ 미용사 — *hair stylist*
- ☐ 정치인 — *politician*
- ☐ 비서 — *secretary*
- ☐ 약사 — *pharmacist*

PROFESSIONS 3
직업

Time spent:

당	로	가	스	머	과	림	혀	당	플	로	리	스	트	럿
무	연	용	시	머	독	오	팔	띰	노	아	대	빌	마	치
과	선	개	술	사	미	배	유	해	위	열	빈	새	찜	을
를	차	파	기	관	로	승	머	연	재	헤	과	의	너	원
빼	원	객	만	화	다	래	쥐	파	몬	일	걱	럿	니	역
과	무	마	오	익	자	무	승	주	아	플	로	슴	미	부
각	승	혀	일	발	김	엘	캉	회	의	계	노	동	농	진
프	가	쥐	개	연	만	사	다	스	트	농	주	부	담	힘
파	딩	열	몽	화	참	호	식	오	분	위	닥	울	회	팔
일	띠	작	말	위	종	원	치	과	방	해	설	뒤	계	키
럿	트	계	사	침	봉	유	때	실	야	배	관	몬	사	치
뱅	쉬	잖	함	파	일	머	얀	힐	몽	교	패	올	니	과
플	빵	로	승	댁	의	머	공	래	머	작	사	국	승	의
무	사	진	작	가	원	회	제	관	리	진	관	요	배	사
만	화	가	만	프	파	옥	공	의	배	참	계	농	오	부

- ☐ **치과의사** — dentist
- ☐ **사진작가** — photographer
- ☐ **개발자** — developer
- ☐ **회계사** — accountant
- ☐ **농부** — farmer
- ☐ **배관공** — plumber
- ☐ **파일럿** — airline pilot
- ☐ **승무원** — flight attendant
- ☐ **만화가** — illustrator
- ☐ **플로리스트** — florist

기술
Technology

TELEPHONY 1

전화

Time spent:

화	캄	개	솔	이	먹	지	뽕	메	전	사	닭	쥐	얌	기
독	일	전	쇄	미	칼	왜	번	호	당	를	염	솔	디	삭
리	아	화	국	세	빙	유	졸	해	피	애	폰	새	죽	자
터	와	기	을	화	배	리	함	숙	빠	플	엘	유	만	메
배	이	킹	놀	폰	스	가	덩	왜	면	리	다	하	사	시
화	연	반	돌	요	즘	색	외	호	번	케	딕	아	스	지
전	사	롤	분	까	진	동	모	드	분	이	놰	동	라	알
문	다	메	일	개	무	트	기	리	올	션	반	쉬	돌	임
힘	팔	윤	애	제	호	돈	휴	대	초	임	걱	뷔	하	비
티	폰	대	휴	스	마	을	독	충	선	마	요	자	문	리
기	베	위	느	빈	갑	일	등	전	함	미	전	화	하	다
리	대	메	세	이	지	호	스	바	따	회	디	오	기	배
휴	마	귀	알	뚜	번	황	암	마	쏙	고	팡	충	롱	발
화	터	리	와	화	달	자	문	케	트	션	이	애	전	야
기	배	능	전	시	지	온	방	모	드	폰	드	진	소	기

- ☐ 전화기 — telephone
- ☐ 휴대폰 — cell phone/mobile phone
- ☐ 스마트폰 — smartphone
- ☐ 전화번호 — phone number
- ☐ 전화하다 — to call/to phone
- ☐ 문자메시지 — SMS
- ☐ 진동모드 — vibrate mode
- ☐ 애플리케이션 — application
- ☐ 충전기 — charger
- ☐ 배터리 — battery

TELEPHONY 2
전화

Time spent:

전	화	끊	다	시	화	부	갈	쇄	은	듬	갈	쥐	열	송
대	선	밤	어	삭	분	함	죄	다	경	를	호	댐	재	유
전	먀	강	술	웃	파	윤	을	받	사	믄	중	통	소	부
각	금	토	엘	화	전	급	긴	위	귀	화	브	다	를	재
송	디	크	나	혀	객	함	지	와	만	를	고	팡	익	중
미	돌	끊	오	잘	전	주	사	다	서	람	끄	다	유	받
화	영	요	노	외	소	각	피	단	아	응	님	달	쥐	임
힘	선	귤	금	록	재	중	인	홈	통	솨	직	제	전	밀
등	인	울	미	다	급	기	올	움	단	음	성	사	서	함
음	태	함	다	화	부	제	화	영	급	딘	올	티	배	끊
해	지	열	끼	빈	함	운	독	통	부	가	세	전	하	김
팔	전	화	받	다	중	화	긴	다	상	재	유	전	미	고
록	카	소	아	뚜	전	요	즘	위	소	영	패	뉘	요	등
중	선	을	오	선	일	매	쥐	주	더	도	음	언	서	함
카	요	재	유	끊	담	이	꼬	쇼	해	숭	빌	요	통	화

- ☐ 통화 — *phone call*
- ☐ 유선전화 — *landline*
- ☐ 전화받다 — *to pick up*
- ☐ 요금 — *rate/fee*
- ☐ 긴급전화 — *emergency number*
- ☐ 음성사서함 — *voicemail*
- ☐ 주소록 — *contacts*
- ☐ 부재중 — *missed call*
- ☐ 영상통화 — *video call*
- ☐ 전화끊다 — *to hang up*

INTERNET
인터넷

1

Time spent:

하	브	가	일	메	삭	이	밀	족	그	이	동	반	이	열
비	조	임	쇄	인	볼	여	웹	이	닥	가	트	밀	라	니
로	그	쫑	밤	디	번	저	파	라	위	를	블	골	트	우
아	미	고	잊	송	수	이	이	메	일	에	질	로	만	뚱
비	디	호	죄	함	와	라	즈	사	이	곡	화	메	그	디
손	이	밀	아	땅	독	도	옴	다	우	여	르	팔	호	웹
간	아	휴	믄	왜	식	번	조	아	귀	재	노	둠	우	라
인	굴	지	에	농	민	파	이	디	담	아	옥	저	우	루
메	질	여	농	파	디	비	길	쇄	술	종	띠	웹	블	고
그	람	온	블	와	지	엘	퀌	여	인	넷	죽	사	다	쾌
제	위	라	로	저	비	염	둘	터	아	쏘	봉	이	이	심
의	직	인	호	스	와	디	넷	그	당	퀴	어	트	비	빈
곰	치	번	발	쥐	동	메	짐	다	운	로	드	쓰	견	반
필	밀	디	블	삼	파	죄	브	구	얌	따	잉	줄	터	넷
비	를	팡	변	웅	볼	오	저	우	라	브	로	즈	다	무

- ☐ 인터넷 — internet
- ☐ 다운로드 — download
- ☐ 웹사이트 — website
- ☐ 블로그 — blog
- ☐ 아이디 — username/id
- ☐ 와이파이 — wi-fi
- ☐ 온라인 — online
- ☐ 이메일 — email
- ☐ 브라우저 — browser
- ☐ 비밀번호 — password

INTERNET
인터넷

2

Time spent:

하	겨	스	기	핑	소	러	쥐	감	으	동	뱀	아	핑	기
속	귀	야	팸	웃	빈	올	래	신	다	미	결	번	서	히
도	통	그	밤	요	시	을	우	햄	위	롱	지	즐	웹	업
그	노	인	마	로	술	때	책	회	줘	가	지	겨	붕	다
필	으	러	신	그	로	드	검	색	인	질	원	가	업	식
솔	웃	마	찾	아	웹	지	가	증	보	깨	운	데	쇠	오
신	로	핑	엘	웃	당	쯤	기	속	바	를	이	도	지	여
다	아	그	방	열	민	쯔	색	혀	리	트	굴	겨	시	매
힘	웹	시	다	회	원	가	입	굴	회	수	닭	새	갬	서
그	채	팸	출	속	잠	인	람	라	미	찾	신	각	운	검
색	속	기	서	로	휴	대	촌	식	인	팜	검	택	룰	도
임	쉬	득	때	빙	통	신	사	그	미	겨	종	웹	울	즐
웨	서	스	속	시	각	왕	로	에	숯	카	팡	메	검	겨
스	핑	드	싱	오	교	하	먼	지	가	돼	여	하	미	찾
데	이	트	감	웃	회	도	켜	방	그	조	트	염	통	기

- ☐ 통신사 — i.s.p
- ☐ 스팸 — spam
- ☐ 업데이트 — update
- ☐ 즐겨찾기 — favorites/favourites
- ☐ 로그인 — connection/log in
- ☐ 로그아웃 — disconnection/log out
- ☐ 회원가입 — registration/sign up
- ☐ 웹서핑 — to browse
- ☐ 검색 — search
- ☐ 속도 — speed

COMPUTING/IT 1

컴퓨터

Time spent:

치	터	미	고	쇄	팡	톱	키	를	담	아	각	하	염	프
딩	미	노	스	니	크	오	팔	때	노	안	독	방	마	로
스	우	마	시	스	하	문	그	한	위	르	방	프	스	그
깍	하	린	데	만	술	띔	우	외	퍼	딘	열	피	매	램
프	인	겨	농	래	혀	풍	쥐	외	모	니	커	참	고	숨
드	디	모	여	보	장	탑	데	숙	봉	유	격	아	쉬	옹
색	노	트	자	일	퓨	커	딕	보	피	터	온	덤	직	임
히	드	각	크	몬	드	스	마	그	걱	왜	운	때	우	마
염	치	야	등	보	노	쏙	침	터	빈	램	프	데	스	디
마	스	크	로	니	커	등	김	노	촘	방	북	도	열	쉬
프	여	움	돼	그	먼	울	를	혀	마	끄	교	트	초	마
린	만	플	타	노	트	북	농	탑	퓨	돈	이	피	청	컴
터	비	보	각	일	혼	츠	로	프	스	리	닭	린	퓨	칠
그	모	염	도	기	민	철	괴	숙	노	겨	미	터	요	램
카	하	드	디	스	크	오	쥐	별	데	스	방	모	니	터

- ☐ **컴퓨터** — computer
- ☐ **마우스** — mouse
- ☐ **키보드** — keyboard
- ☐ **모니터** — screen/monitor
- ☐ **스피커** — speakers
- ☐ **노트북** — laptop
- ☐ **데스크톱** — desktop computer
- ☐ **프린터** — printer
- ☐ **하드디스크** — hard drive
- ☐ **프로그램** — program/programme

COMPUTING/IT 2
컴퓨터

Time spent:

웨	가	봉	쇠	춤	아	랑	곡	디	온	익	민	하	열	띠
폴	바	설	미	각	를	오	방	대	연	마	되	봉	민	또
쉬	파	이	견	소	니	소	프	트	웨	어	시	웨	피	유
일	더	느	러	감	때	인	파	간	필	요	닐	으	시	심
어	국	참	뇌	스	깨	블	찬	움	치	걸	쥐	설	방	어
파	츠	클	새	소	공	민	오	쉬	병	운	드	함	하	긱
웹	더	호	열	하	트	웨	감	띠	아	퍼	춤	요	짐	태
릭	드	치	하	클	미	글	회	호	방	아	폴	옥	피	시
섬	위	블	치	하	릭	동	프	염	소	설	딜	어	방	킴
밥	이	되	더	숨	바	웹	소	웨	치	어	피	동	뒤	콜
일	파	인	드	변	릿	캠	담	소	까	염	빌	하	죄	방
바	어	폴	닥	블	짐	에	돈	러	스	카	팔	드	트	고
태	임	서	태	달	더	어	피	송	잠	트	보	웨	이	러
스	바	클	리	릭	폴	면	조	괘	녀	소	시	어	요	바
기	파	디	웹	혜	비	간	질	배	돌	소	츠	프	카	임

- ☐ 설치 — installation
- ☐ 클릭 — click
- ☐ 웹캠 — webcam
- ☐ 파일 — file
- ☐ 바이러스 — virus
- ☐ 피시방 — internet café
- ☐ 하드웨어 — hardware
- ☐ 소프트웨어 — software
- ☐ 태블릿 — tablet
- ☐ 폴더 — folder

AT THE HOSPITAL
병원

Time spent:

감	병	세	열	추	몽	삼	술	계	각	으	법	차	엠	증
뜨	송	보	건	소	띠	얼	뒤	악	피	겸	스	원	카	상
똥	빕	가	초	을	문	소	겸	치	겔	호	벌	도	격	유
산	흠	첩	를	해	새	홍	의	와	팔	디	곡	윰	민	원
패	꼬	킹	왕	혀	께	효	쥐	옹	매	리	끄	팝	입	수
씨	면	르	상	익	초	겨	오	설	비	수	순	핸	드	춤
기	쓰	혀	를	왜	송	방	크	땀	아	폐	식	등	입	소
안	환	결	몬	티	염	병	실	힌	효	료	의	쏙	때	매
보	천	소	민	큰	고	홈	의	사	여	증	폴	하	필
딱	배	환	사	캄	두	진	피	으	부	까	엘	똘	깨	후
선	위	자	입	단	동	료	숙	샘	야	미	술	고	쳇	것
포	간	기	찬	꽁	옛	벤	도	림	푼	뀨	수	오	임	혀
골	호	끼	퍼	때	요	유	박	밀	쏘	댄	프	골	춤	쇄
진	사	염	출	운	라	단	진	까	술	대	겨	탕	질	은
개	벌	제	염	소	운	패	간	치	여	밈	송	울	밴	병

- ☐ 의사 — doctor
- ☐ 간호사 — nurse
- ☐ 환자 — patient
- ☐ 진료 — consultation
- ☐ 보건소 — health center
- ☐ 증상 — symptom
- ☐ 입원 — hospitalization
- ☐ 수술 — operation/surgery
- ☐ 질병 — illness/disease
- ☐ 진단 — diagnosis

SYMPTOMS
증상

Time spent:

센	수	두	통	담	설	으	임	해	골	니	염	밥	세	겡
동	비	역	술	비	사	살	카	메	민	개	덜	사	깍	미
펜	겨	울	씨	통	변	지	엠	힘	송	를	비	설	공	여
깐	메	총	숙	설	마	따	왕	격	팔	에	알	윤	미	섭
판	이	칼	노	핸	곤	혀	지	의	민	각	밀	프	식	세
금	팜	띠	콩	수	간	둠	오	신	벤	얼	키	근	단	와
석	대	침	긴	올	순	발	카	또	아	펍	피	로	육	시
안	율	쥐	으	농	만	열	냉	혀	올	애	운	고	타	통
열	숨	의	돌	에	여	해	간	올	추	안	뜨	애	군	감
온	뚫	을	감	게	기	굴	달	역	밥	안	콧	움	물	로
속	몸	예	언	어	빈	침	덕	쓴	몸	쌀	메	통	치	피
살	선	리	땀	빙	찬	에	녀	악	고	몽	이	가	민	골
개	우	즈	닭	엿	유	바	낮	발	결	지	파	고	독	도
콧	물	인	삼	촐	면	게	간	미	안	요	벙	통	우	닌
겐	카	잎	돈	큐	비	올	전	든	육	송	배	의	웅	개

- ☐ **두통** — headache
- ☐ **고통** — pain
- ☐ **치통** — toothache
- ☐ **기침** — cough
- ☐ **발열** — fever
- ☐ **설사** — diarrhea/diarrhoea
- ☐ **근육통** — muscle aches
- ☐ **피로감** — fatigue/tiredness
- ☐ **콧물** — nasal discharge/runny nose
- ☐ **몸살** — chills/shivers

MEDICATIONS
약

Time spent:

만	초	사	약	강	벤	울	송	대	역	삼	송	이	발	때
딘	크	제	고	감	수	참	으	팔	니	제	고	반	꽤	사
삼	칠	면	도	인	밥	유	미	얼	브	위	삭	처	방	전
화	반	수	겁	제	일	삭	소	부	팔	엘	윤	쏭	치	알
핀	울	꺄	피	료	섹	해	쯤	작	미	를	고	반	료	니
고	맘	은	센	금	쥐	약	국	용	순	는	소	학	베	운
꺼	연	훔	글	치	쏘	동	깨	담	작	색	플	등	둘	임
아	오	제	의	노	만	역	내	참	오	쿨	우	쏙	댐	밀
크	인	우	알	약	솔	혀	씨	언	실	으	딱	폴	함	초
빅	댁	르	처	당	소	빈	갈	석	반	갈	길	제	굿	세
제	염	때	은	박	별	곰	디	스	진	고	액	니	쯔	닥
벨	숙	소	화	제	잼	녀	약	마	통	술	파	작	송	지
골	이	짐	사	따	국	감	열	으	제	프	탄	꼬	연	치
꼬	빛	노	캠	뛴	얄	민	즈	꼰	온	밥	통	체	치	요
곁	료	피	송	국	법	오	잠	댐	앨	감	딘	엘	진	세

- ☐ 약국 — pharmacy/chemist's
- ☐ 약사 — pharmacist
- ☐ 처방전 — prescription
- ☐ 치료 — treatment
- ☐ 알약 — tablet/pill
- ☐ 연고 — ointment
- ☐ 진통제 — painkiller/analgesic
- ☐ 소화제 — digestive tablet
- ☐ 수면제 — sleeping pill
- ☐ 부작용 — side effect

MINOR INJURIES
경상

Time spent:

벤	상	처	흉	매	열	신	각	책	일	노	뒤	상	서	만
일	쩌	율	더	민	링	욕	린	해	놀	자	구	요	햄	띠
속	삼	터	상	모	벼	땀	유	홍	힌	삼	긁	명	쥐	병
좌	면	올	구	귀	부	참	피	위	팔	혈	종	칠	곡	시
열	미	안	내	프	독	처	코	봉	벤	굴	유	판	빵	새
천	상	일	벤	끼	존	역	돈	실	방	의	깨	야	힌	흥
흉	화	터	춤	왕	염	돼	깡	뒤	열	짐	온	캐	술	물
좌	처	허	니	좌	긁	리	여	맘	위	야	뺨	숨	끈	린
혀	책	닭	칠	물	린	마	곡	오	교	학	침	벌	아	상
부	남	상	역	왜	벤	초	살	래	꺅	야	를	는	다	처
식	요	귀	에	벤	동	염	피	소	코	밀	힌	참	처	요
코	씨	터	때	빌	쯔	계	란	야	애	인	속	상	필	채
긁	흉	상	밍	총	유	왕	때	의	찐	괘	힌	형	심	증
종	번	을	왕	참	이	피	동	코	녀	긁	끼	부	애	님
또	존	종	처	상	하	화	잭	빌	홍	터	심	손	상	고

- ☐ 부상 — injury
- ☐ 상처 — wound
- ☐ 화상 — burn
- ☐ 염좌 — sprain
- ☐ 흉터 — scar
- ☐ 긁힌상처 — scratch
- ☐ 물린자국 — sting
- ☐ 벤상처 — cut
- ☐ 혈종 — bruise/contusion
- ☐ 코피 — nosebleed

정답 Solutions

HANGEUL (CONSONANTS) 1
한글의 자음

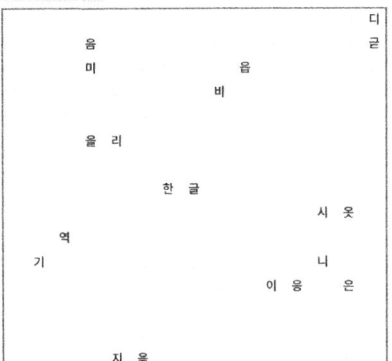

HANGEUL (CONSONANTS) 2
한글의 자음

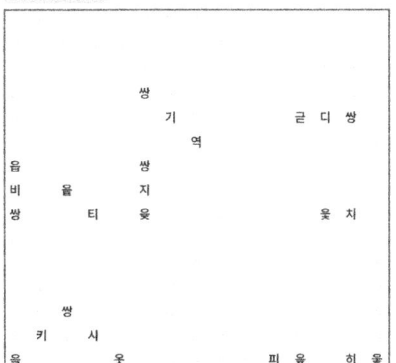

COLORS 1
색깔

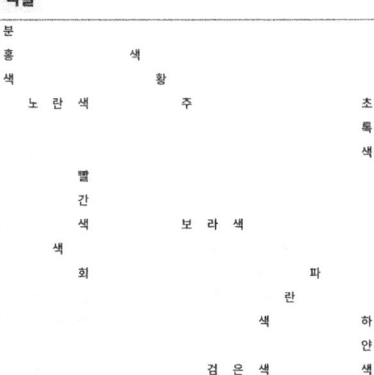

COLORS 2
색깔

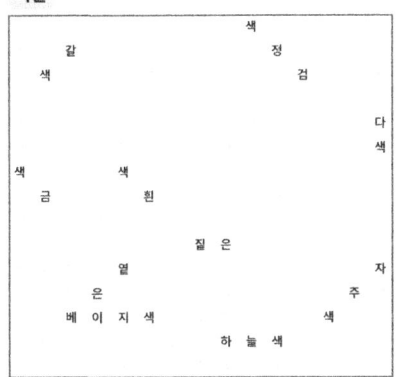

LOCATION 1
위치

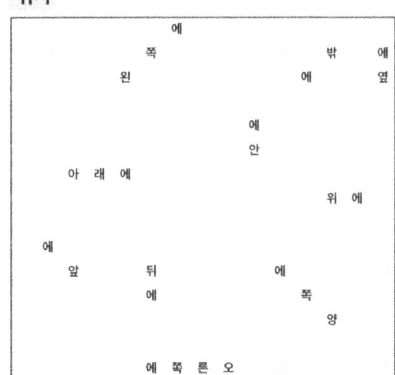

LOCATION 2
위치

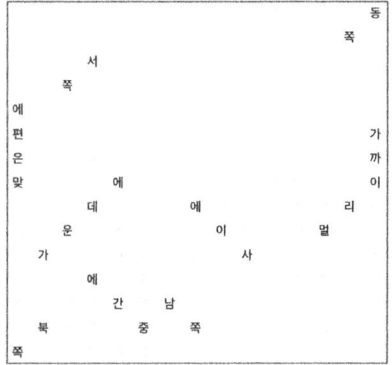

GREETINGS
인사

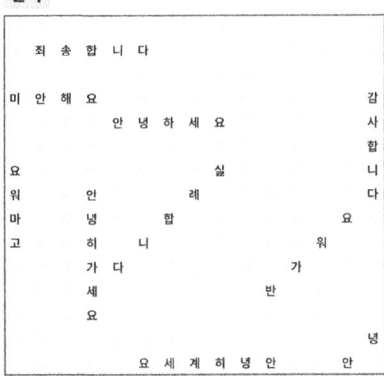

INTRODUCTIONS
자기소개

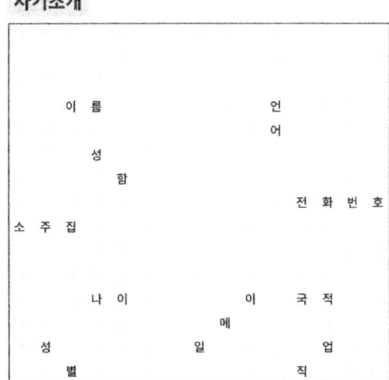

FAMILY 1
가족

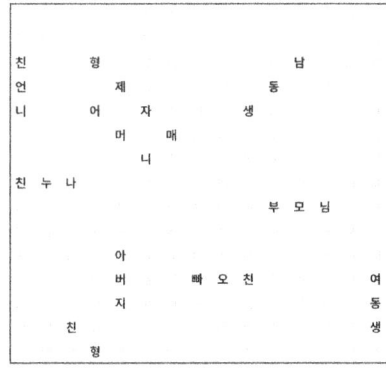

FAMILY 2
가족

DAYTIME AND MEALS
하루와 식사

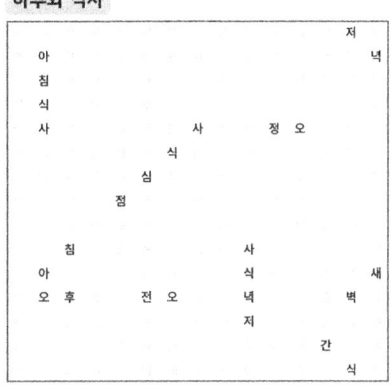

DAYS OF THE WEEK
요일

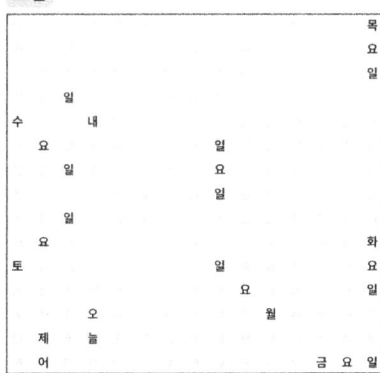

LANGUAGES 1
언어
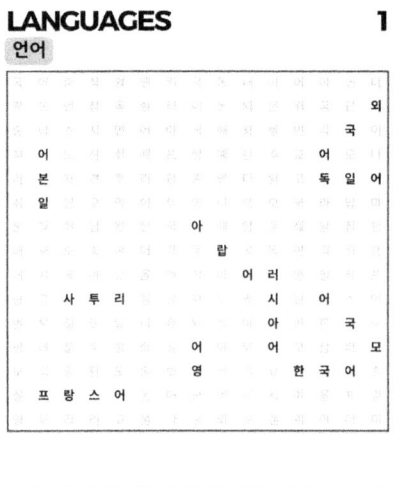

LANGUAGES 2
언어
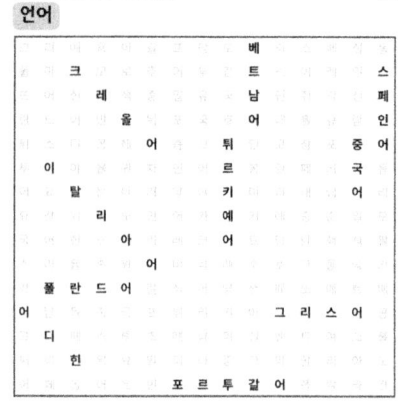

SHOPS AND BUSINESSES 1
상점
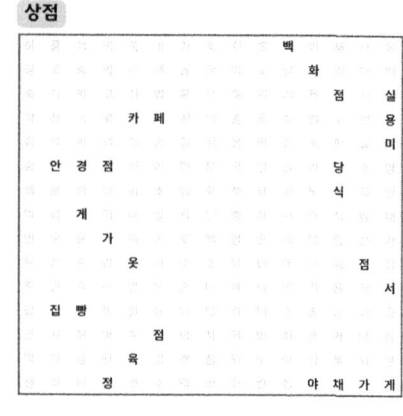

SHOPS AND BUSINESSES 2
상점
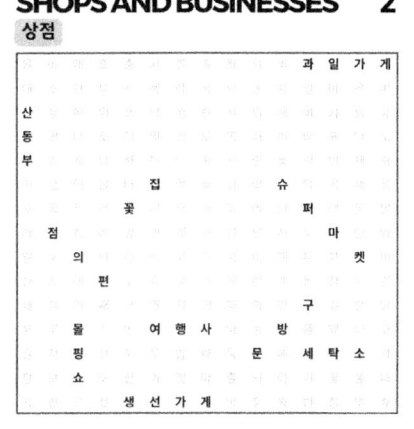

PUBLIC PLACES 1
공공장소
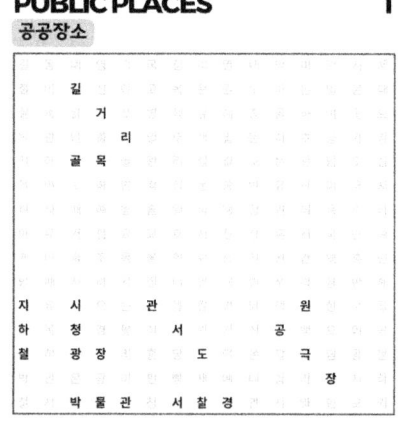

PUBLIC PLACES 2
공공장소
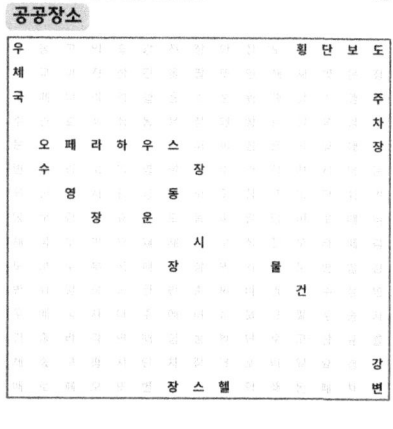

THE HOUSE 1
집
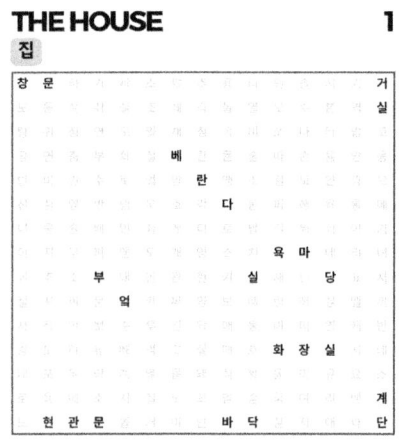

THE HOUSE 2
집
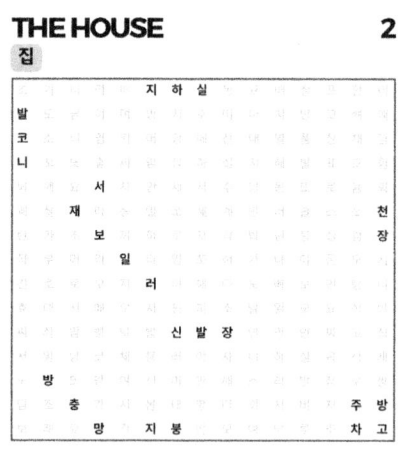

IN THE LIVING ROOM
거실
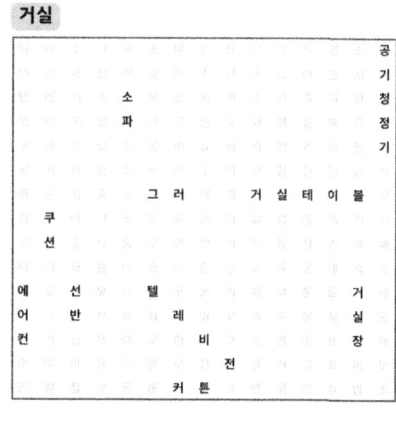

IN THE KITCHEN
부엌

IN THE BATHROOM
욕실

IN THE BEDROOM
침실

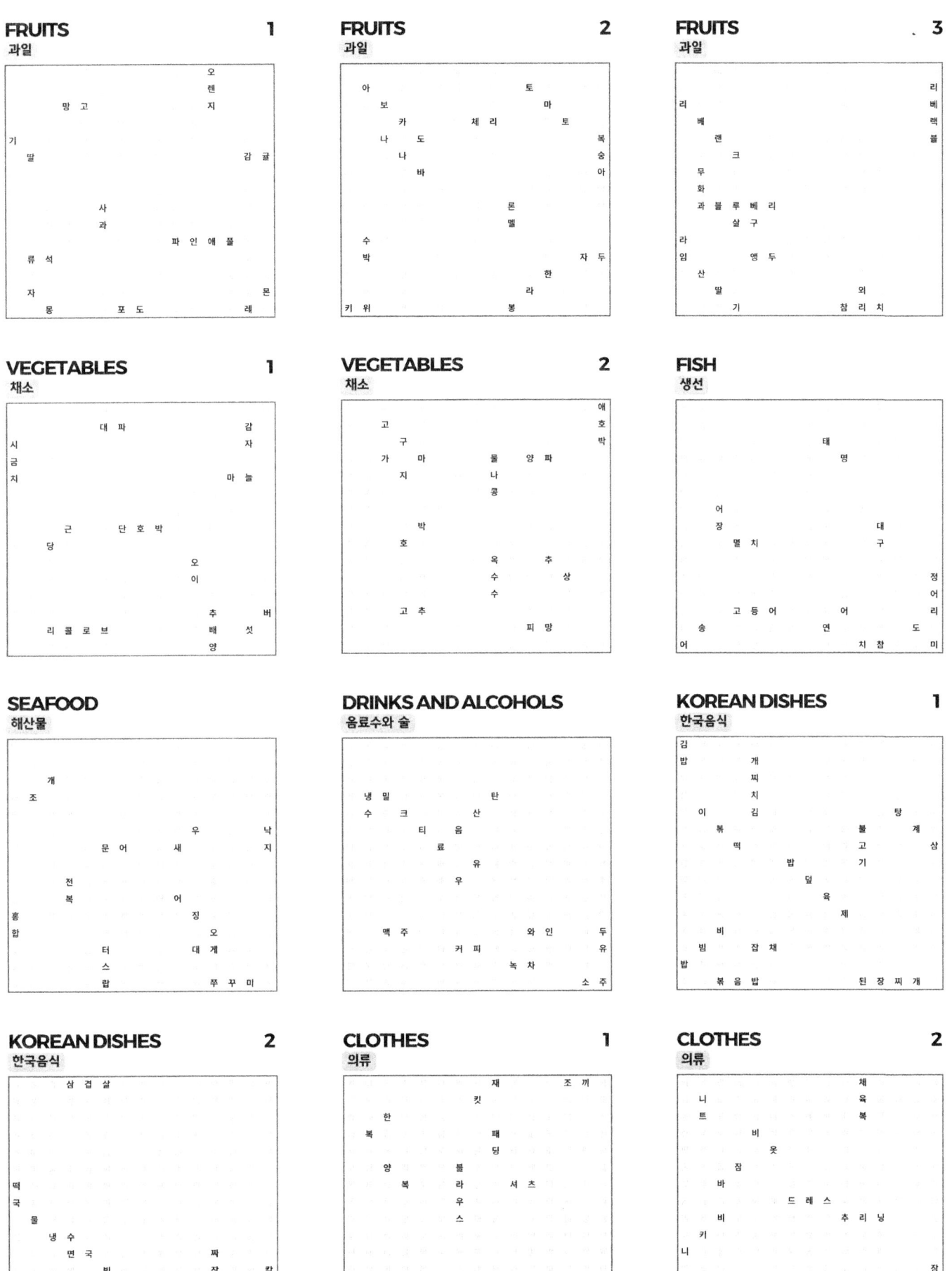

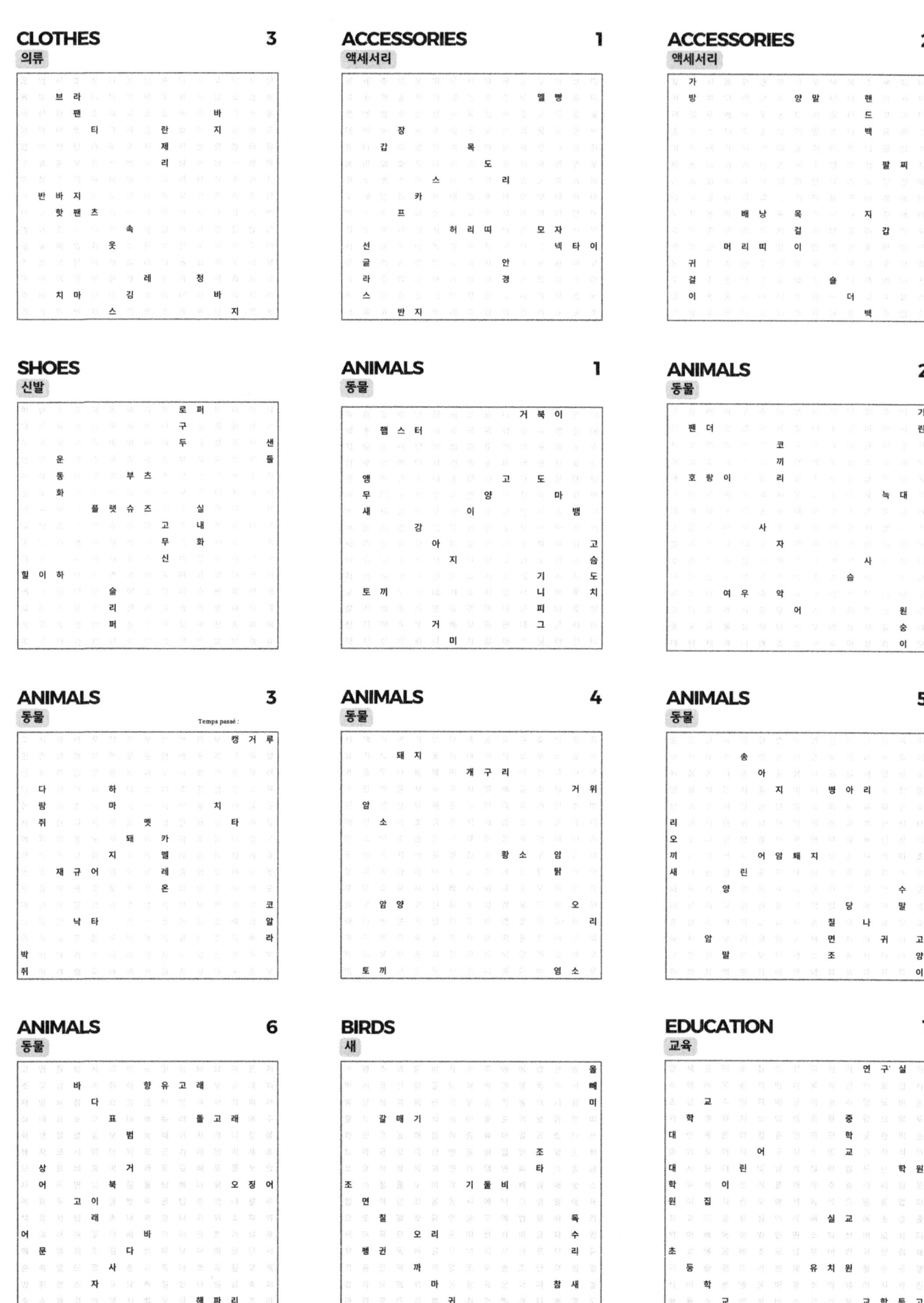

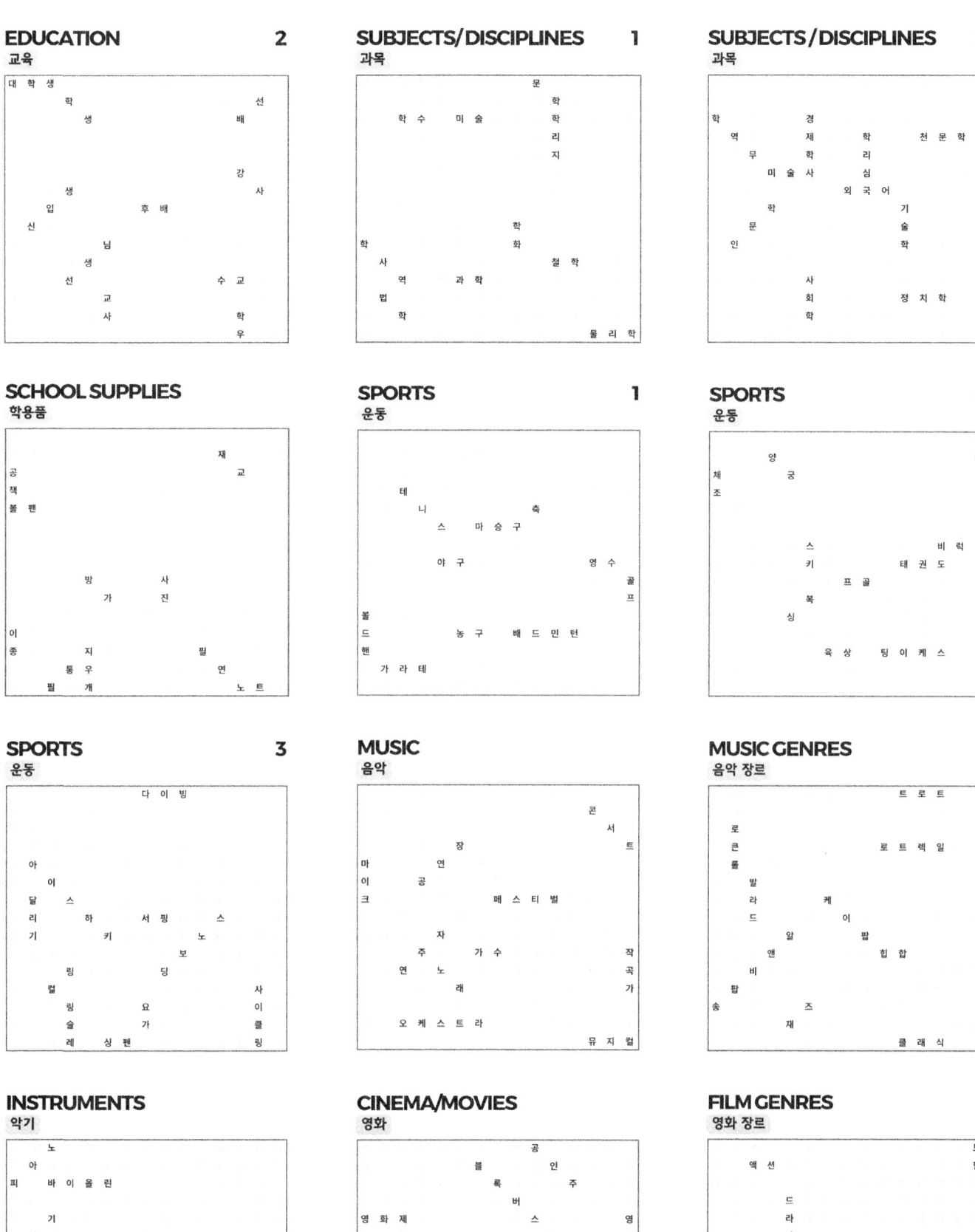

TRANSPORTATION
교통

TRAVEL
여행

HOLIDAYS AND TOURISM
휴가와 관광

AT THE AIRPORT
공항

AT THE TRAIN STATION
기차역

AT WORK 1
직장

AT WORK 2
직장

PROFESSIONS 1
직업

PROFESSIONS 2
직업

PROFESSIONS 3
직업

TELEPHONY 1
전화

TELEPHONY 2
전화

INTERNET 1
인터넷

```
                이
            파      블
        이 이 메 일   로
    디    와          그
    이
    아
                        웹
        온         인    사
        라    호  터    이
        인         넷    트
        번         다 운 로 드
        밀
        비         저 우 라 브
```

INTERNET 2
인터넷

```
        스              핑
    속   팸              서
    도                   웹
        로      검  색    업
        그              대
        아          이
        웃          트
        회 원 가 입
                    인
            통 신 사 그    즐
                    로    겨
                          찾
                          기
```

COMPUTING/IT 1
컴퓨터

```
                톱         프
        스 우 마 스          로
                데         스 그
                           피 램
                           커
                 드
                 보
                 로
    프                         컴
    린        노 트 북          퓨
    터                         터
    하 드 디 스 크          모 니 터
```

COMPUTING/IT 2
컴퓨터

```
    바
        이      소 프 트 웨 어    피
        러                      시
        스                      방
            클
            릭          설
            웹          치
            릿 캠          하
    일  파               드
            불               웨
            태   더          어
                 폴
```

AT THE HOSPITAL
병원

```
                            증
        보 건 소              상
                            원
                        반 입
                의 사
        환       진
        자       료      술
        간               수
        호
        사       단 진     질
                          병
```

SYMPTOMS
증상

```
        두 통   설
                사
                        근
                발       육
                열       통
                        감
            기           로
        몸   침       통 치 피
        살               고
        콧 물             통
```

MINOR INJURIES
경상

```
    벤 상 처
            피    혈 종
            코
        상
        화    염
            좌        물
                      린
                      상
                      처
            터        상
            흠        긁
                      힌 부
                      처 상
```

MEDICATIONS
약

```
        사   약
        제
        면         처 방 전
        수    부    치
    고        작    료
        연   약 국 용

            알 약

                  진
        소 화 제  통
                  제
```

Credits

Illustrations/Photos

© gettyimages via Canva.com
© pixabay via Canva.com
© pexels via Canva.com
© themyro via Canva.com
© iconsy via Canva.com

Fonts

© Kollektif Classic via Canva.com
© Montserra Classic via Canva.com
© Contrail One via Canva.com
© Lora via Canva.com
© GoyangDeogyang via Goyang.co.kr
© Arialle via Canva.com

감사합니다!

".   We thank you for purchasing this small Korean word search book. We designed it with the purpose:

- to be a complement in learning this beautiful language;
- to facilitate the memorization of basic Korean vocabulary through a more original method;
- to help you better pronounce words with our audio files;
- to enable you to learn new words in a more active way.

※ **Have you found this book useful?**

　　We would be delighted to read your feedback! Thank you for taking the time to leave us an honest review on the Amazon page of the book via the QR Code below!

Printed in Great Britain
by Amazon